# 9.11後の現代史

酒井啓子

JN230552

講談社現代新書
2459

# はじめに

筆者が教鞭を執る大学で、ときどき、中東報道に携わるジャーナリストや中東勤務の外交官、ＮＧＯ職員などをお呼びして、話していただくことがある。

その際、学生たちから必ず出る質問がある。「なぜ危ない場所だとわかっていて、行くのか」。なぜ危険地に行くような仕事をするのか、という、就職活動を間際にした学生の疑問である。

筆者とお呼びした講師の先生は、その都度苦笑いする。筆者と同じ年代かその前後の世代にとっては、未知の場所に赴くとか、途上国で援助活動をするとか、誰もやったことのない国との商談にチャレンジするとか、そういうことは青臭い学生の夢だったからだ。

だが、危険への心配がまず頭をよぎる今の学生も、仕方がないかもしれない。今年度大学に入学した学生は、生まれて3歳で9・11米国同時多発テロがあった。物心ついてからずっと、アフガニスタン戦争やイラク戦争や、安定しない中東の治安とシリア内戦と難民の急増を見て育ってきたのである。その間に、少なからぬ日本人も紛争のなかで命を落としてき

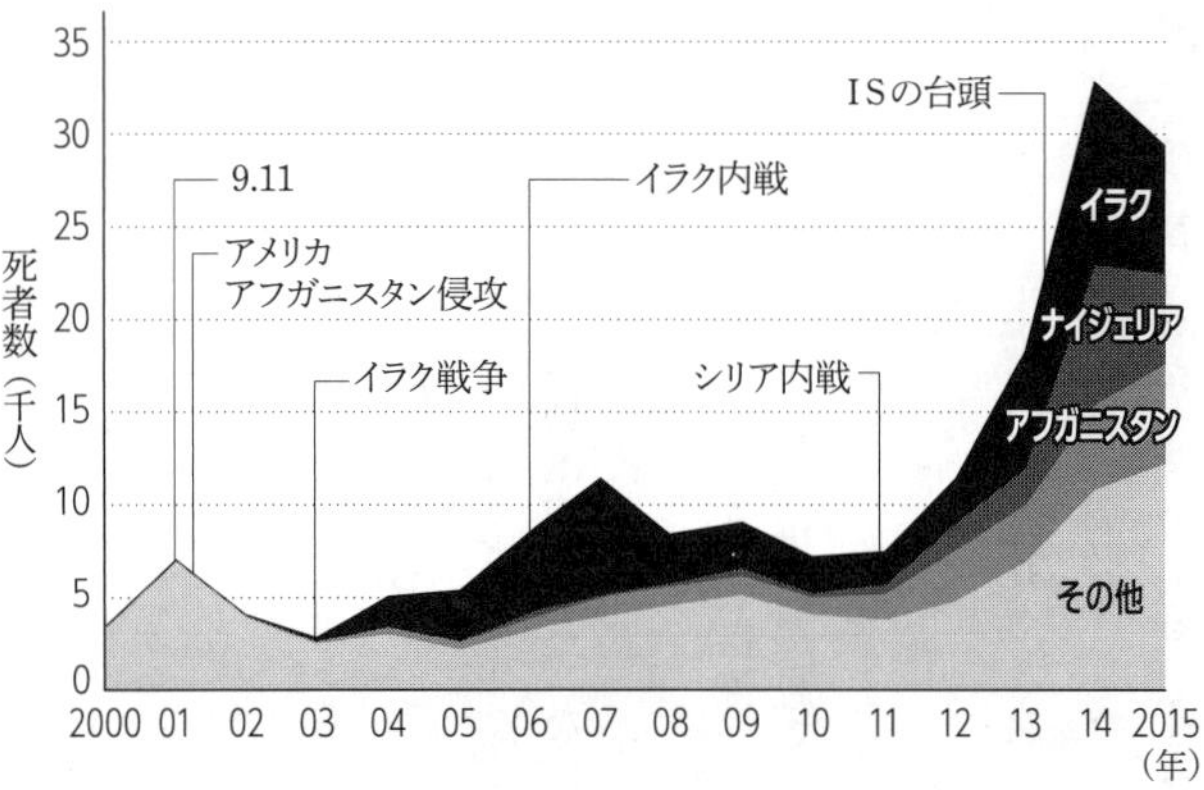


図1　テロ事件による国別死者数の推移（2000–15年、出所：米メリーランド）

た。生まれてこの方、中東は危ない場所、という情報と知識に囲まれてきたのである。

確かに、21世紀に入って世界は「テロ」に悩まされ続けている。アメリカのメリーランド大学が作成しているグローバル・テロリズム・データベースをもとにまとめられた「グローバル・テロリズム・インデックス２０１６」によれば、２０００年にはテロ事件による死者数は世界中で４０００人弱だったのが、２０１４年には３万２０００人以上に増加した。

２００５年以降、そのうち半分がイラクとアフガニスタン、ナイジェリアで起きたテロ事件で占められている（図１）。やはり「中東やアフリカは怖いところ」、と言われる所以だが、近年はヨーロッパでも事件が頻発して

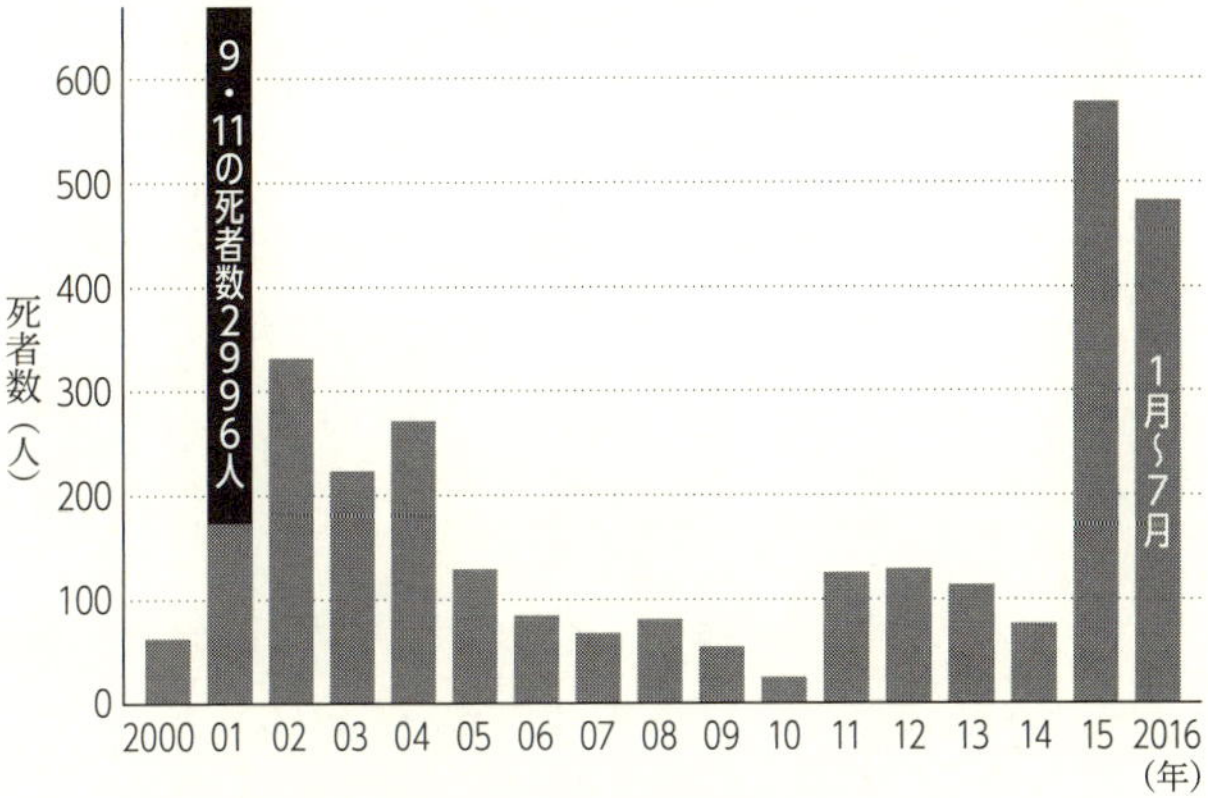


図2　テロ事件によるOECD加盟国での死者数の推移
（2000−16年7月、出所：同右）

いる。

同「インデックス」によれば、２０１５年にはイラクやナイジェリアでの死者数は減り、その分先進国での死者数が増えた。「インデックス」が「先進国」として取り上げているのはＯＥＣＤ（経済協力開発機構、北米・ヨーロッパなどの先進国35ヵ国からなる国際機構）加盟国のデータだが、先進国でのテロ被害者数の増減を見ると、２０１５年には前年から７・５倍に急増し、２００１年、９・１１米国同時多発テロ事件が起きた年の被害者数に次ぐ数に至っている（図2）。その主な原因は、11月にフランスでおきた襲撃事件だ。以降、「イスラーム国（ＩＳ）」を名乗る「テロ事件」が、ベルギー、イギリス、ドイツなどで頻繁《ひんぱん》に発生することとなる。

こう見ると、「もともと中東やアフリカは紛争やテロの多い、危険なところで、それが最近先進国にも及んできた」と見えがちだ。だからなのだろう。先進国の間には、「中東から流れ込む危険をブロックしなければ」という風潮が蔓延《まんえん》している。アメリカのドナルド・トランプ大統領が、就任早々「中東や北アフリカの7ヵ国からの渡航者は、ビザがあっても入国を禁止する」との大統領令を出して、物議を醸した。2017年4―5月に行われたフランスの大統領選挙では、エマニュエル・マクロンが勝利したものの、移民反対の右派、マリーヌ・ルペンの台頭が囁《ささや》かれた。ヨーロッパに激震が走ったイギリスの「EU離脱」選択の背景にも、移民受け入れ政策への懸念があったと言われる。

しかし、本当にそうなのか。「もともと中東やアフリカは紛争やテロが多くて、それが21世紀に入って世界の他の地域に拡大している」のだろうか。

前述したメリーランド大学のデータベースを見ると、世界の「テロ」件数が急速に増加し、そのうち多くが中東か南アジアで発生するようになったのは、21世紀に入ってから、とくに2004年頃からである。それ以前の「テロ」と呼ばれる事件は、その多くがラテンアメリカやヨーロッパで起きていた。紛争も同様だ。スウェーデンのウプサラ大学平和紛争研究学部はその紛争研究で有名だが、そこで収集している世界の紛争データセットをみれば、世界中の紛争のうち中東が占めるシェアは、一貫して低い。わずかに増えたのは

1960年代の独立戦争の時期と、80年代のイラン・イラク戦争やクルド人など少数民族の反乱が発生した時期だけだ。9・11事件の前後、つまり20世紀終わりから21世紀初めの頃は、中東での紛争発生件数は、それ以外の時期に比較しても少ない。つまり、「21世紀に入って中東からテロが世界に流れだしている」というほど、中東は世界の他の地域に比べて特段に紛争が多かったわけでも、テロが蔓延していたわけでもないのだ。

では、「中東にテロが蔓延」したのはいったい、いつからなのか？

メリーランド大学のデータでもウプサラ大学のデータでも、はっきりしているのは、こういうことだ。

「中東でテロや紛争が増加したのは21世紀以降、特に2003年のイラク戦争以降」。

そして2011年、シリアが内戦状態になってそれは右肩上がりに上昇の一途を辿る。

それに比例して、シリアやアフガニスタン、リビアから流出する難民の数も急増する。国連難民高等弁務官事務所（UNHCR）のデータによれば、世界の難民（国内外含む）総数は1990年代から2005年まで年間2000万人前後で推移していたのに、その後急激に増えて2014年には5500万人に上る事態となった。現在でも、難民を大量に乗せた小舟が地中海で転覆するなど、UNHCRは「1日平均14人の命が失われている」と発表している。

なぜこんなことになってしまったのだろう。

20世紀はこんなふうではなかった、と、筆者や同じ世代で中東にかかわってきた人たちは、思う。1970年代、日本が高度成長を果たした時期、ちょうどオイルマネーがふんだんに手に入って同じく高度成長を目指していた中東諸国は、日本製品のいい輸出相手先だった。一時期、中東地域に駐在する日本人ビジネスマンは、1万人を超え、70年代末から80年代初めには、イラクやイラン一国で4000~5000人、さらにはそれ以上のビジネスマンが滞在していたこともある。日本企業が「行け行け」だったこの時期の、日本の海外プラント輸出の相手国トップ5を見ると、イランやイラク、さらにはサウディアラビアがアメリカを抜いて上位にランクされていた。金払いのいい産油国は、道路から病院、工場から住宅まで、何から何まで安くて質のいい日本の建設会社に任せたい、と考えていたのだ。大きな商談を成功させるために、70年代の日本人ビジネスマンは、中東の砂漠や山岳地帯を縦横に駆け巡っていた。

それが今や、多くの中東諸国が、日本外務省が「渡航に注意・警戒を要する」と指定しなければならない国になってしまった。学生が夏休みに「せっかく中東のことを勉強したのだから、一度訪れてみたい」と相談しに来ても、「この国なら絶対大丈夫」といえる国がなくなってしまった。中東だけではない。イギリスやフランスなど、欧米諸国でも「絶対安全」はない。

いったいなぜ、こんなことになってしまったのだろうか。

そこに大きな転機となる3つの事件がある。まずはイラク戦争だ。世界でテロが増えたのは、イラク戦争後である。そしてそのあとは、シリア内戦、特にISが登場したことだ。さらにいえば、イラク戦争やIS出現の土台を作った9・11米国同時多発テロ事件も、看過できない。

猛威を振るったISも、今や大幅に縮小して終息に近づきつつある。喫緊《きっきん》の問題とされたヨーロッパへの難民の波も、収まりつつある。上記の統計でも世界のテロ件数は、2016年になってようやく下降傾向にある。じゃあ、世界は危険な時代を越えたのか？　これからは、中東がらみのさまざまな問題は、収まっていくのだろうか？

忘れてはならないことは、これらの大事件が、ただ一過性の大事件だっただけではなく、中東政治、ひいては国際政治の構造を大きく変えた、ということだ。ISがシリアとイラクに勢力を広げたとき、筆者は「中東にメルトダウン（溶解）が起きている」と表現した（『朝日新聞』2015年5月20日付）。中東からは、これまでもさまざまな武装集団が出現して世界を震撼させてきたが、ISの登場は、その残酷さも活動の在り方も、なにより「カリフ国を再興する」という点で、これまでの中東現代政治の常識を打ち破る出来事だった。また、ISとの戦いの過程で、クルド少数民族やシーア派武装組織の活躍など、これまで国際政治で陽の目を見なかった非国家主体が、脚光を浴びた。さらには、これまでアメリカなど外国に安全保障を依存してきたペルシア湾岸のアラブ産油国が、シリア内戦やイエメン内戦に、積極的に軍事参加するようになった。こうした一連の展開は、20世紀が終わったときには、想定もされなかったことである。

これらの出来事は、全て、9・11事件やイラク戦争やシリア内戦と、数珠つながりになっている。9・11事件後にブッシュ政権が「対テロ戦争」という形で安全保障、戦争概念を変えたことは、国際政治学でもよく指摘されるが、それは中東地域の域内関係をも大きく揺るがせてきたからだ。9・11事件後のイラク、アフガニスタンでの戦争が、前代未聞の反米活動の蔓延を世界中で引き起こし、それに懲りて「世界の警察官を辞める」としたオバマ政権のアメリカは、シリア内戦への対応に大きな矛盾を生んだ。

そのように見れば、当面の危機が去ったように見えたとしても、中東と世界を不安定にしている構造自体は、改善されたわけではない。むしろ近年では、過去にここまで角突き合わせたことはないのではないかと思われるほどに、サウディアラビアとイランという、ペルシア湾岸地域の二大大国間の緊張が高まっている。アメリカの中東研究の重鎮、グレゴリー・ゴーズは、この地域大国間の対立に伴う今の中東の危機を、「新しい中東の冷戦」

と呼んでいる。目の前にある危機は、そこまで深刻化しているのだ。
そして、ペルシア湾岸のアラブ産油国に原油輸入の8割を依存している日本としては、ペルシア湾岸の不安定化は、全くの他人事ではない。1万人を超す難民申請者に対してわずか28人、人道的理由で特別に在留を認められた者を含めても125人しか認定しない日本（2016年、法務省発表）は、1万～2万人規模で難民を受け入れている欧米諸国に比べて圧倒的に少ないとして、国際的に圧力を受けている。現在内戦と封鎖で人口の7％が国内避難民となっているイエメンの、バーブ・アルマンデブ海峡を挟んで30㎞程度の距離の対岸には小国ジブチがあり、そこには自衛隊の海外拠点がある。実はこれだけ近い中東に、日本は「遠く無縁な場所」でいられるわけがない。

本書は、21世紀の中東しか知らない若者には、「今見ている世界と中東がこんなに怖いことになってしまったのは、そんなに昔からじゃないんだよ」と伝え、20世紀の中東を見てきた少し年嵩の人たちには、なぜ世界と中東がこんなことになってしまったのかを考える糸口を示すために書かれたものである。そしてその目的は、「世界と中東がこんなことになってしまったのにはちゃんと理由がある」ことを示すことにある。なぜならば、理由があるからには、解決も必ず見つかるはずだからだ。

# 目次

はじめに 3

第1章 イスラーム国（2014年〜） 17

破壊の対象／ISの残虐さ／ISという国家／「カリフ国」登場の衝撃／ISはなぜ出現したか／スンナ派vs.シーア派？／外国人戦闘員／世界に拡散するテロ

第2章 イラク戦争（2003年） 45

ISを生んだもの／アメリカは何故攻撃したのか／ずさんな戦後処理／治安の悪化と「イスラーム国」の起源／宗派対立の芽／腐敗と汚職の定着

第3章 9・11（2001年） 67

イラク戦争の母／9・11ショック／90年代におけるビン・ラーディンの反米活動／アルカーイダの国際性／ソ連のアフガニスタン侵攻／短い戦争と泥沼の戦後／終わりのない戦争／広がる嫌イスラーム意識と反米意識

第4章　アラブの春（2011年）――91
それはチュニジアで始まった／エジプト「革命」／各地に広がった反政府運動／リビアの失敗／アサド政権のシリア／シリア内戦の不幸／「春」後の権力抗争――エジプト／ムスリム同胞団の栄枯盛衰／「アラブの春」とは何だったのか

第5章　宗派対立？（2003年～）――119
紛争の原因は「宗派対立」なのか／スンナ派とシーア派の違い／なぜ「宗派」が対立するのか／アメリカのペルシア湾岸を巡る政策／イラク政権の交代が周辺諸国に与えたインパクト

第6章　揺らぐ対米関係（2003年～）――137
「アラブの春」を恐れたサウディアラビア／バハレーンへの口出し／シリア内戦を巡る周辺国事情――トルコの場合／国家なき民族／振り回されるクルド民族／イエメン内戦とサウディアラビアの軍事介入／イラン核開発疑惑を巡る展開／悪化するイラン・サウディ関係／トランプ政権による転換／カタールの排斥／若い世代の台頭

第7章　後景にまわるパレスチナ問題（2001年～）――171
「サイクス・ピコ協定」とパレスチナ問題／「アラブの大義」として／利用される「パ

レスチナ」／非暴力抵抗運動がなしえたこと／オスロ合意の意義と問題／オスロ合意の失敗／ハマース／圧倒的な力の差のなかで／「紛争の核」から抜け落ちる／「犠牲者であること」の競争

終章　不寛容な時代を越えて ―― 199

「難民到来」に揺れる欧米／欧米の「多文化共生」は終わったのか／戦争から逃れるものと仕掛けるもの／受け入れない不寛容と、追い出す不寛容／「悪魔化」する世界／恐怖の壁の再構築／「外敵の手先」と空中戦／排外主義を乗り越えるには

おわりに ―― 217

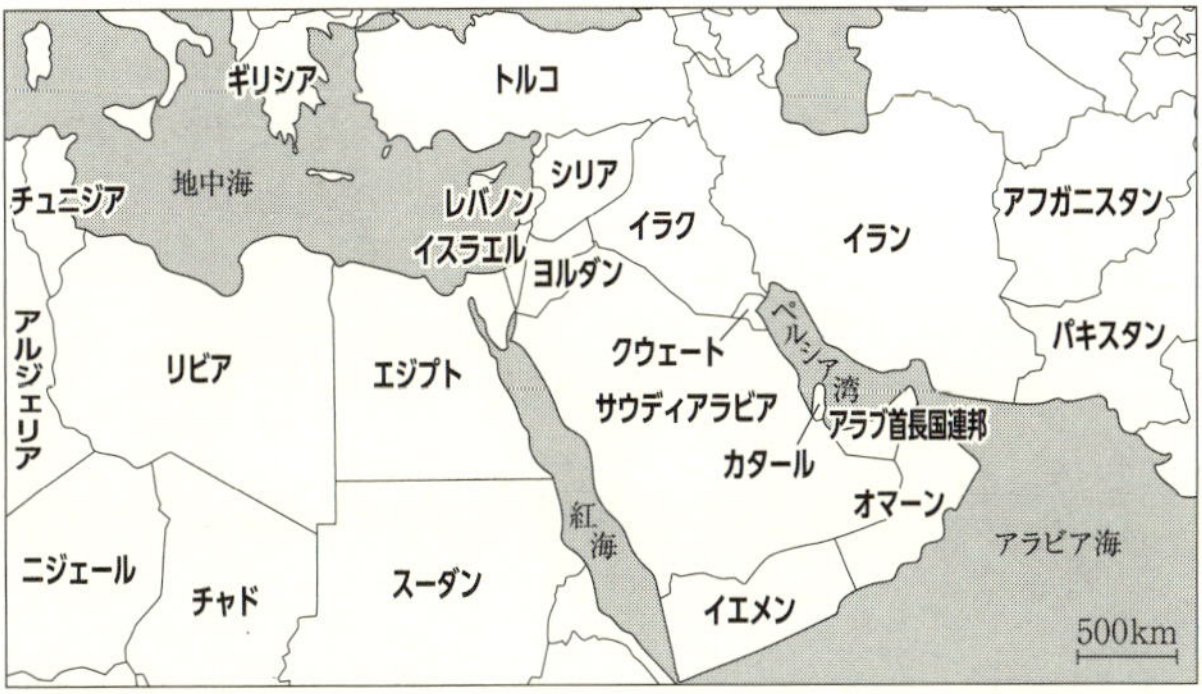


中東地域地図

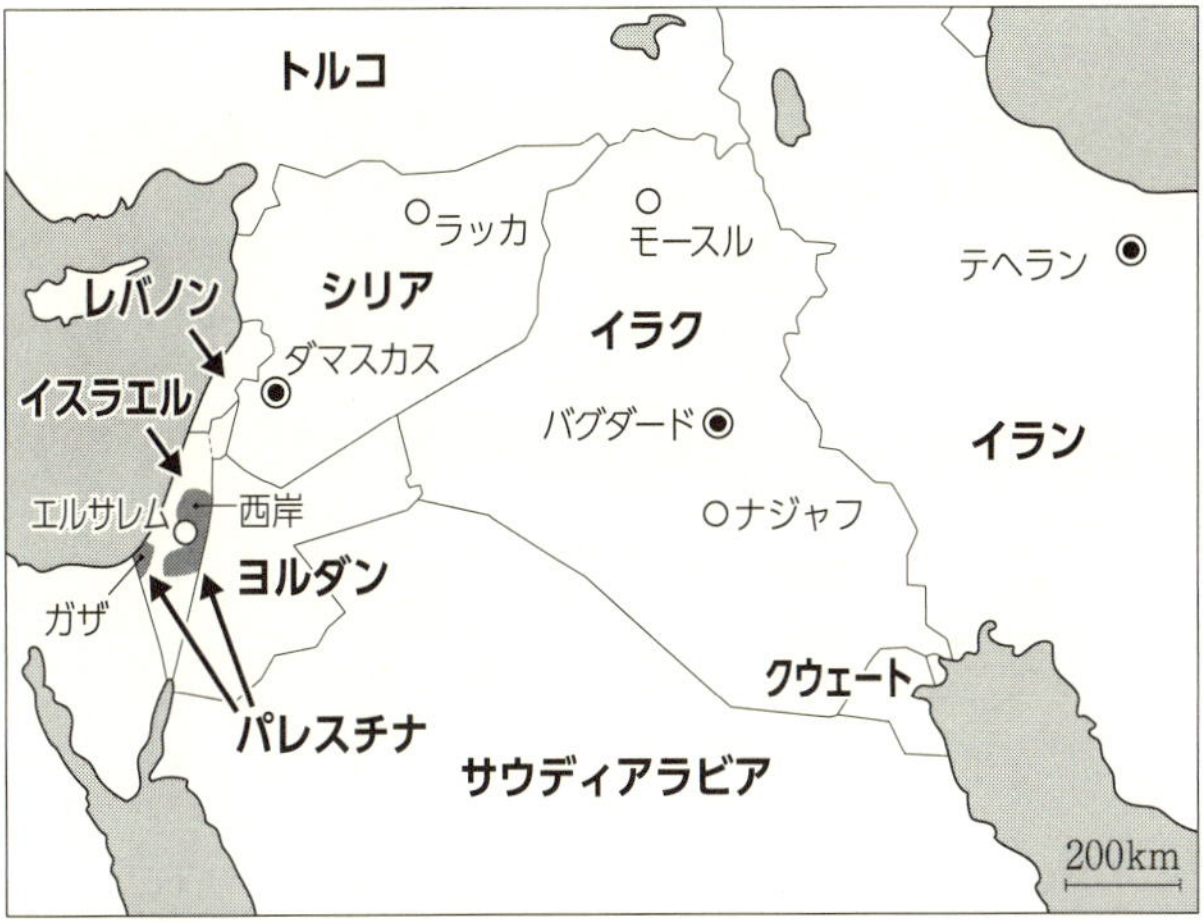


イラクを中心とした地図

# 第1章

# イスラーム国
## （2014年〜）

グローバル化した世界では、
テロの脅威から逃れることができないのか。
私たちは恐怖を抱えたまま、
新しい時代を迎えつつある。

2015年8月25日、検問所に現れたISの兵士（提供：朝日新聞社）

「中東こそ危険」というイメージが日本に植え付けられたのは、２０１４年に勢力を伸ばして世界を震撼させたＩＳ（イスラーム国）の出現が決定的だろう。イラク戦争、その前の９・１１米国同時多発テロ事件、さらにその前の湾岸戦争と、「危険」なイメージを醸し出す戦争やテロは過去にも多々あったが、ＩＳの登場とそれに対する世界規模での恐怖心の蔓延、警戒感は底知れないものがあったといえる。

なによりも、ＩＳの登場こそが、過去のさまざまな戦争やテロの生み出したものだった。より正確にいえば、過去の紛争をきちんと解決してこなかったことのツケが、ＩＳというおどろおどろしい存在となって人々の前に現れたのだ。

シリアやイラクに拠点をおいて3年半にわたり勢力を誇っていたＩＳは、すでに本書執筆時（２０１７年初冬）の今、壊滅状態にある。いまさらその恐怖を振り返る意味はない、と思われる読者も少なくないだろう。だが、過去のツケたるＩＳを、今度は次世代にツケを回さない形で解決できたのだろうか。答えは大いに、ノーである。

その視点に立って、まず本章ではＩＳとは何だったのか、何故出現して何をしたのかを振り返ってみよう。

## 破壊の対象

２０１７年7月9日、イラクのハイダル・アバーディ首相は、イラク北部の都市モースルをＩＳの手から取り戻した、と宣言した。人口１３８万人弱（２０１４年、UN-HABITATの統計による）を誇るイラク第二の都市であるモースルがＩＳの支配を受けたのが、２０１４年6月9日。イラク政府が本格的なモースル奪回作戦に着手したのが、２０１６年10月17日。3年1ヵ月の支配の後、およそ9ヵ月の戦闘を経て、ＩＳがイラクで拠点としていたモースルが解放されたのである。２０１６年1月には西部アンバール県のラマーディが、6月にはファッルージャが解放されており、これでＩＳはイラクにおける支配領域のほとんどを失った。２０１１年からＩＳが拠点を築いてきたシリアでも、２０１７年10月20日には米軍が支援するシリア民主軍が「ラッカの解放」を宣言した。その結果、ＩＳの支配地域は両国ともに、わずかに残されるのみとなった。

「モースル解放」「ラッカ解放」を機に、２０１７年後半にはあちこちで、「すでにＩＳは終わった」といった発言が相次いだ。3年間世界を騒がせてきたＩＳの悪夢は終焉したのだ、と、誰もが思いたがった。

だがその一方で、ＩＳ支配の非道さと戦闘の激しさが改めて露《あらわ》にされた。イラクについてみてみると、国連は、２０１７年8月時点で３３０万人のイラク人が家を追われた状態にあるとしている。なかでも２０１６年10月の解放作戦開始以来モースルを逃れた避難民の数は、85万人にも上る、としている（ＵＮＨＣＲによる）。解放後モースル市内に戻った住民も23万人程度いると言われているが、他方で国連は、長期にわたり帰還ができない者もまた23万人程存在すると警告している。国連によれば、空港や官庁街など重要施設は言うに及ばず、旧市街地だけでも５５００軒の住宅の復興が必要な状態だ。

ＩＳ登場以降頻繁に報じられてきた遺跡、文化遺産の破壊も、目を覆うものがある。シリア、イラク北部には多くの古代遺跡やキリスト教の施設があり、シリアでは世界遺産のパルミラ神殿が繰り返しＩＳに支配され、破壊された。

パルミラ神殿の円形劇場（破壊前）

イラクのモースルとその周辺地域もまた、ハトラやニムルドなどの世界遺産が多い。モースルは紀元前25世紀から前7世紀の間栄えたアッシリア帝国の中心地で、モースルを県庁所在地とするニーナワー県の名も、アッシリア帝国の帝都から取ったものだ。アッシリア文明期の人頭有翼獣像や壁画、ハトラにあるローマ帝国時代の神殿などが有名だが、こうしたイスラーム以前の文化遺跡は、イスラーム厳格路線を追求するＩＳに目の敵にされて真っ先に破壊の対象となった。イラク北部の山あいに昔からひっそりと暮らす、ネストリウス派など東方キリスト教やカトリックの歴史的な教会や修道院も、軒並み襲撃された。

破壊の対象は非イスラーム施設だけではない。ＩＳがモースルを支配した直後に破壊した施設に、ヨナのモスクがある。不信心者のヨナが大きな魚に飲みこまれ、その後悔い改めたという説話が旧約聖書にあるが、イスラームのクルアーンでもヨナは預言者ユーヌスとして登場する。モースルはヨナ／ユーヌスの説話の舞台であり、それを埋葬した廟《びょう》がそれだ。

なかでもモースル住民の心を引き裂いたのは、ヌーリー・モスクの破壊だろう。ＩＳはイラク侵攻から３週間後の２０１４年６月29日に「カリフ国」を宣言したが、その後金曜礼拝で人々にこの宣言が肉声で届けられた場所は、このヌーリー・モスクだった。しかし、モースル解放作戦末期になると、ＩＳ自らこれを爆破して逃亡した。

12世紀後半に建設されたヌーリー・モスクのミナレットは、斜めに傾いているのが特徴である。別名「せむし（アラビア語でハドバ）」モスクと呼ばれ、「中東版ピサの斜塔」としてモースル地元住民に長く愛されてきた。ＩＳ登場の数年前、モースルの地元ナショナリストたちが結成した地方政党に「ハドバ党」があるが、ハドバとはまさに地元の象徴、モースルの別名になっているほどである。

## ＩＳの残虐さ

破壊性もさることながら、世界に流布したＩＳのイメージは、その残虐さ、残酷さだろう。登場以来、シリアやイラクでＩＳの領域に入り込んだ世界各国のジャーナリストから援助団体、軍人や観光客まで、拉致して斬首するという事件が相次いだ。２０１４年に湯川遥菜氏、後藤健二氏という日本人２人がシリアで拉致され、翌年初めに殺害された事件は、日本社会にもＩＳ問題の深刻さを突きつける出来事だったろう。斬首ばかりではなく、生きたまま焼き殺すといったケースもあった。そして殺害の予告と結果を必ずビデオで録画し、脅迫の言葉とともにユーチューブなどで世界に発信するという、恐怖映画さながらの手法がとられた。

ＩＳの残酷さを語る上で、つい外国人の被害が強調されがちだが、なによりも深刻だったのは、彼らが支配した地域、特にイラクでの人的被害だ。モースルのみならず、イラク西部のアンバール県や中部のサラハッディーン県など、ＩＳの手に落ちた地域ではその支配下で、そして奪回のための戦闘で、多くの死者が出た。２０１４年６月から２０１７年７月までのイラク民間人の死者は、国連イラク支援団（ＵＮＡＭＩ）によれば２万５５４４人、イラク・ボディカウント（イラク戦争の被害調査を行う民間団体）によれば５万９０２９人に上るという（なおボディカウントの数が多いのは、イラク治安部隊側の死者が含まれることがあるため、またＵＮＡＭＩの数字において、最も衝突の多いアンバール県のデータがしばしば入手不能で含まれないためであると考えられる）。イラク戦争後一貫してデータを取り続けているボディカウントによれば、この数字は、戦後イラク国内で比較的治安が安定していた２０１１―12年の4～5倍に上っている。

なかでもＩＳにより激しく弾圧、陵辱《りようじよく》されたのが、キリスト教徒やヤズィディ教徒などの非イスラーム教徒であった。イラク北部やシリアでは、人口の多数はイスラーム教徒であることは事実だが、歴史的にキリスト教徒が一定の割合で存在し、キリスト教社会がそれぞれの国の一部として根付いている。

モースルは、その人口の8割がアラブ人スンナ派のイスラーム教徒であるとされるが、残り2割はクルド民族、キリスト教徒、トルコマン民族、ヤズィディ教徒など、多種多様な民族、宗教で成り立っている。モースル西部のシンジャールに多く住むヤズィディ教徒は、民族的にはクルド民族だが、12世紀頃から独特の儀礼と信仰体系を持つ土着の一神教を信仰し、悪魔崇拝者との誤解を抱かれて歴史的にイスラーム社会のなかで排除、虐待されることが少なくなかった。ＩＳはこのヤズィディ教徒を特に攻撃のターゲットとし、国連人権高等弁務官事務所（ＯＨＣＨＲ）によれば、２０１４年8月だけで５０００人のヤズィディ教徒が殺害され、女性と子供を中心に２５００人が拉致され奴隷とされた。

イスラーム教徒と共存してきたキリスト教徒も、女性が性的奴隷を強要されたり、門扉にキリスト教徒を意味するNマークを書かれて襲撃の対象とされたりした。脅迫、弾圧を経た結果、国外脱出を余儀なくされる人々が多く出現し、2017年にはバチカンがバグダードの8つの教会を閉鎖せざるを得なくなるほど、イラクにおけるキリスト教社会は壊滅的打撃を受けた。

モースル解放作戦の過程で、多くのジャーナリストがIS支配の惨状を取材にイラク入りしたが、そのなかでモースルのキリスト教社会を取材した映像ジャーナリストの新田貴義氏は、こう指摘した。「あるキリスト教徒の元教師に取材したとき、彼はISとISに協力したモースルの住民たちにいかに虐待を受けたか、述べてくれた。そして彼にとって最もショックだったのは、そのISへの協力者にかつて自身が教えた教え子がいたことだった」。

ISがイラクの地を離れたのち、キリスト教徒やヤズィディ教徒は故郷に戻れるだろうか？　解放後のキリスト教徒たちに対して行われたインタビューでは、否定的な回答が多い。

ISが残した最も深刻な爪痕は、宗教的、宗派的、民族的に共存していたイラクの人々の間を、修復不能なまでに引き裂いたことだ。それは、内戦の続くシリアでも同じだろう。

## ISという国家

なぜ世界は、ISの登場に震撼したのだろうか。上に述べたように、徹底した残酷さと不寛容は衝撃的だった。だが、2001年以来、世界はアルカーイダやアフガニスタンのターリバーンやナイジェリアのボコハラムや、その他もろもろの理由で自爆攻撃を行う人たちなど、さまざまな武装集団による暴力の過激化を見てきた。それでも、2014年6月の後にISが世界に与えた脅威は、それまでと何かが違っていたのである。

過去四半世紀にわたり、イラク情勢について秀逸なレポートを書き続けてきたイギリスのジャーナリスト、パトリック・コバーンは、ISのモースル制圧を目撃してわずか1ヵ月で『イスラム国の反乱――ISISと新スンニ革命（原題 The Jihadis Return）』という本を出版した。その性急な執筆が、ISに対する危機意識をはっきりと示している。コバーンは、言う。「バグダードの人々は、長年の経験から戦争や虐殺、占領や独裁といったことには慣れっこになっている。だがその彼らが、ISのモースル制圧を眼前にして、足元で激震が起きたような感覚を受けたのだ」。

イラク人を「激震」させた原因のひとつは、一介の「テロ集団」とは思えない組織化された行動力だった。特に、その効率的な軍事行動は、プロの軍隊かと見まがうものだった。ISは、モースル制圧から3日後には首都バグダードを目指すと公言し、ひたすら南

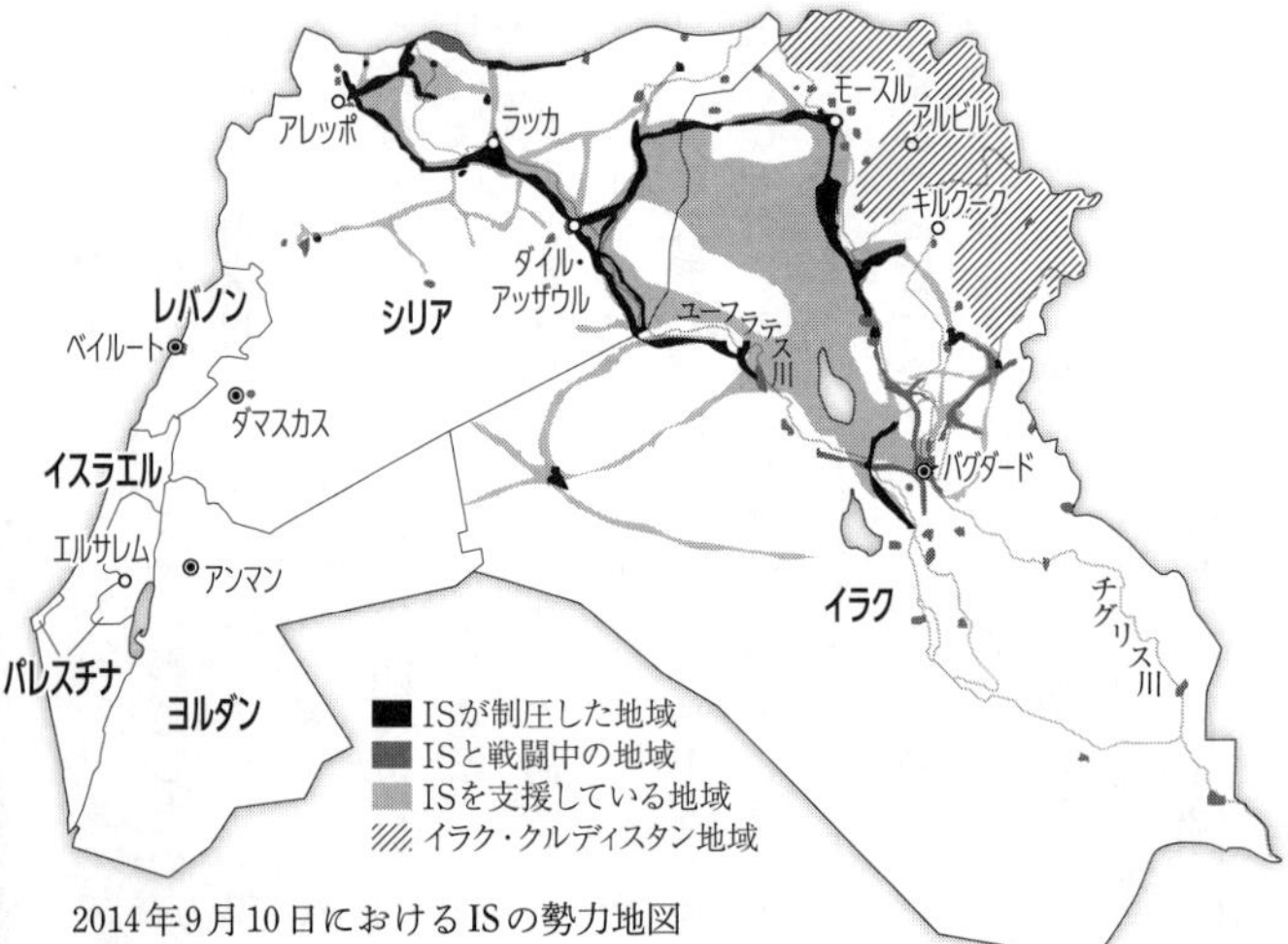


2014年9月10日におけるISの勢力地図
（出所：Institute for the Study of War）

下した。モースル制圧後、わずか1週間で北部最大の製油所があるベイジや、サッダーム・フセイン元大統領の生地であるティクリートを手中に納めたのである。その間、北・中部に配置されていたイラク国軍はなすすべもなく逃走し、捕まった者は容赦なく殺害された。

またモースル制圧と同時に、ＩＳはイラク西部にも進撃を開始し、ファッルージャを始めとして、国境の町カーイムや県庁所在地のラマーディなど西部の主要都市を、1週間もたたないうちに掌握《しょうあく》した。また、東部のディヤーラ県にもその勢いは拡大した。

軍事面だけではない。制圧した地域では銀行や行政機関を真っ先に掌握し、その収入を活動資金とした。それは住民や戦闘員に対する給与にも使われ、地元の公務員には通常業務を続けるように命じた。略奪したトラックを軍用車に改造したり、制圧した油田から石油を密輸して収入を得るなど、技術力の高さにも驚かされた。どこまで機能していたかは怪しいが、パスポートを発行したとか金貨を鋳造したといったことも、いかにも「国家」らしさを喧伝《けんでん》するものだったろう。

つまるところ、イラクという「近代国家」が「ISという国家」に乗っ取られようとしていたのである。イラク戦争でアメリカがフセイン政権を転覆させ、イラクで新しい戦後体制を築いて以降、数多くの反政府勢力がイラクという国を揺るがし、アメリカが道筋をつけた戦後の新政権から権力を奪おうとしてきた。しかし、そのいずれもが達成できなかったほどの軍事的成果を上げ、経営能力を発揮したのが、ISだったのだ。

その経営能力の高さの裏には、イラク戦争前に政権の座にあったバアス党など旧体制派の存在があったにちがいない。その点が、後に触れるザルカーウィのような無法者テロリストとの違いだろう。1968年から政権の座にあったバアス党は、シリアのアサド政権同様、社会主義を軸にしたアラブ民族主義を掲げ、非常に精巧かつ抑圧的な統治体制を、長年にわたり維持してきた党である。ISのやり方は、恐怖による統治と暴力、統率のとれた行動、そして豊富な軍事知識という点で、バアス党による支配を彷彿とさせた。

実際、初期においては、バアス党のナンバー2であったイッザト・イブラヒームが率いる「ナクシュバンディー部隊」がISと共闘していた。こうした旧バアス党勢力の関与が、ISを一介の「テロ集団」と異なるように見せたのである。

そして、イラク戦争後より前政権の方がマシだった、と考える人々を、少なくとも最初は惹きつける要素をもっていた。ある意味では、イラク戦争で消し去ったはずの「バアス党／フセイン政権」の残党が本格的に政権を奪い返しに来た、とも見えただろう——イラク戦争後に台頭したシーア派やクルド民族や、あるいはアメリカや国際社会全体を含めた、すべての反フセイン勢力に対する、強烈な報復意識を抱えて。

## 「カリフ国」登場の衝撃

ISが世界を震撼させたのは、イラク一国の存続を危ぶませたからだけではない。なによりISが「カリフ国家」を宣言したことが、世界のイスラーム教徒に衝撃を与えた。

「カリフ」とは、預言者ムハンマドの正統な後継者を意味し、「カリフ制」とは、形式的には1924年に廃止するまで続いたイスラーム国家システムの根幹である。イスラームという宗教が成立した7世紀、イスラームは宗教であり法体系であり、軍事・政治的共同体だった。最初は預言者ムハンマドが、そしてその後はその後継者たる「カリフ」が、その共同体の指導者としてイスラーム社会を導く。その統治体制が「カリフ制」という国家体制であり、現在国際政治の前提となっている西欧起源の国民国家体制とは、全く異なっている。その宗教・法・政治を（そして経済をも）一体視する国家体制が、第一次世界大戦まで、イスラーム世界での「当たり前」だったのである。それを体現してきたのが、内実はともあれ、オスマン帝国であった。

カリフ制が廃止されたときには、1300年弱も続いた統治方式が終焉したことにイスラーム社会全体に激震が走ったが、それは第一次世界大戦でオスマン帝国が列強に敗北したことの結果でもあり、西欧に対するイスラーム世界の敗北という近代イスラーム世界が抱えるトラウマを体現する事変でもあった。そのため、「カリフ制」の復活を主張する思想家や運動はその後も繰り返し出現したのだが、実際に「カリフ制」再興を実現した国家はなかった。

それを謳《うた》いあげたのが、ISだったのだ。預言者ムハンマドの正統な後継者こそが国を統《す》べる――2014年7月4日、ISの指導者アブー・バクル・バグダーディが、3年後には自らが破壊することになるモースルのヌーリー・モスクで宣言したのは、そのような「カリフ国家」の再生であった。それによって、これまで「イラクと大シリアのイスラーム国」と、地名を冠した名を名乗ってきた彼らは、以降「イスラーム国」と名乗るようになった。そしてシリアやイラクにとどまらず、北アフリカやスペイン、南東欧からコーカサス、南アジアまでに「州」を設置した、広大なカリフ国を目指したのである。

これによって、夢を駆り立てられたイスラーム教徒は、少なくなかった。西欧型の近代国家建設に邁進してきた結果、はたして自分たちの社会は繁栄と成功を手にできたのだろうか、と疑問視する人たちは少なくない。西欧的近代化の結果、独裁や弾圧や貧富格差の拡大を生んだのであれば、自分たちに合った別の道を目指したほうがいいのではないか、と考える人もいる。「カリフ国の再生」は、そうしたオルタナティブのひとつとして、思想家たちの頭のどこかにあった。

「カリフ国」こそが、今イスラーム教徒が置かれているさまざまな鬱屈《うっくつ》、抑圧、差別から脱け出す唯一の「理想郷」だとする人たちにとっては、バグダーディの宣言した「イスラーム国」は魅力的に映った。ＩＳの登場が中東のみならず世界にとって根が深いものを炙《あぶ》り出している、と感じられたのは、この点だ。いかに残虐でいかに不寛容であっても、それがもつ狭隘《きょうあい》な理想と抵抗の精神が、潜在的にある種の人々を強烈にひきつけてやまないものだったからである。

加えて、「カリフ国」樹立宣言と並行して叫ばれた「サイクス・ピコ協定体制の打破」という主張は、信仰の有無にかかわらず、中東の人々の胸に刺さるものだった。サイクス・ピコ協定とは、１９１６年、第一次世界大戦中に英仏露がオスマン帝国の領土を「山分け」することを定めた密約である。

「カリフ国」を望むかどうかは別にしても、中東、特にアラブ諸国の間で、自分たちは第一次世界大戦後に西欧列強によって分断され間接支配されてきた、という憤懣《ふんまん》、それこそがアラブ諸国の抱える最大の足枷なのだ、という意識は、強い。1950—60年代にアラブ地域を席巻したアラブ民族主義は、主義主張はISと真逆ではあるものの、「打倒サイクス・ピコ」の旗を高く掲げた点で、ISと共通性がある。

言い換えればISは、これまでの「反米勢力」「抵抗運動」と違って、「カリフ国」という自分たちなりの「国家」を提示した点が、衝撃だった。それが西欧型の国民国家システムに対する対抗概念になっている点で、既存の国際社会への強烈な脅威であるとともに、一部の人々にとっての魅力となったのである。

だからといって、中東の人々が「サイクス・ピコ」以来連綿と、植民地支配の遺恨《いこん》を最大のモティベーションとして生きていたのか、といえば、決してそうではない。中東、とくにアラブ諸国では、アラブ民族主義を始めとして、繰り返し「打倒、西欧起源の国境」を目指す運動が存在した。だが、こうした運動はことごとく失敗し、国民の多くは、既存の国境を越えた新たな「国」作りを目指すよりも、今ある国の枠組みのなかでの社会的上昇を目指してきたのである。そのことは、第4章で触れるように「アラブの春」が如実に示している。

## ＩＳはなぜ出現したか

ところで、ＩＳ、あるいはＩＳ指導者のアブー・バクル・バグダーディの考え方は、どこから生まれてきたのだろうか。ＩＳが大きくなった原因は何だったのだろうか。

ＩＳの前身は「イラクと大シリアのイスラーム国」だが、さらにその前身である「イラク・イスラーム国」が成立したのは、イラク戦争から3年半経った２００６年10月、イラクのアンバール県においてである。その4ヵ月前に、国際社会が目の敵にしてきた「メソポタミアのアルカーイダ」の指導者、アブー・ムスアブ・ザルカーウィがイラク東部で米軍の攻撃によって殺害されていた。

ヨルダン人のザルカーウィについては、次章で詳述するが、一言で言えば、イラク戦争後のイラクで反米・反政府武装活動にテクニックを与え「テロ集団」として組織化したのが、ザルカーウィである。『ワシントンポスト』紙のジャーナリストであるジョビー・ウォリックは、ザルカーウィの生涯について詳細に執筆した『ブラック・フラッグス』を出版しているが、そこでウォリックが「虐殺者たちの長老」と呼んだように、イラクだけでなく世界に「残虐なジハード主義者」の姿を定着させたのが、彼だ。

ジハードとは、「聖戦」と訳されがちだが、決して暴力を意味するものではない。だが、防衛のための戦いのみならず、イスラームを拡張しイスラームの理想の追求のために暴力的手段を行使する、という考え方が、特に20世紀後半以降中東において、政治潮流のひとつとして一定の影響力を持つようになっていた。まさに『ジハード主義』という名の本を上梓された保坂修司氏の定義に基づけば、ジハード主義とは「武装闘争としてのジハードを行うことをイスラームの最も重要な義務の一つと考え、異教徒や不信仰者に対して軍事的な攻撃を実行していこうとする考え方」である。

さらにその暴力的な部分を最大限に肥大化させて、アメリカとその協力者、そしてシーア派を抹殺対象としたのが、ザルカーウィだったといえよう。そして、「イラク・イスラーム国」は、そのザルカーウィの残党により設立されたといえる。

アブー・ムスアブ・ザルカーウィ

バグダーディは、そのイラク・イスラーム国の二代目の指導者だった。直接ザルカーウィの薫陶を受けたわけではない。しかし、イラク戦争後の混乱のなかで米軍に逮捕され、最悪の環境にあった米軍の収容所に留め置かれたことで、たくさんの反米活動家や武装闘争員や単に無実の罪で捕縛されたイラク人たちと交流した。その過程で、ザルカーウィ型のジハード主義を存分に吸収したのだろう。

だが、両者には決定的な違いがあった。ザルカーウィはヨルダン人だったので、イラクやシリアで活動する上で地元への浸透は簡単ではなかった。だがバグダーディは、イラク人であるがゆえに、イラク戦争後不遇を託《かこ》つイラク人にとっては強烈に共感を抱くことのできる立場にあった。

さらに、ザルカーウィには無法者としての能力はあったが、宗教的知識や権威を欠いていた。それに対して、バグダーディはイラクのサマッラー出身で、イラク・イスラーム大学で博士号も取得したイスラーム法の専門家だった。しかも、バグダーディは、預言者ムハンマドの直系の子孫を意味する「サイエド」の称号を持っていた。それは、「カリフ」になることができる要素の一つ、「預言者と同じクライシュ一族であること」を満たしている。つまり、バグダーディは暴力的ジハード主義の有効性を熟知しつつ、イスラームの学識と権威を持つ指導者として現れたのである。

だが、ここで大きな疑問がある。１９７１年生まれのバグダーディが育ったフセイン政権時代のイラクは、中東諸国のなかでも最も世俗的な国だった。１９６８年に成立したバアス党政権は、シーア派もスンナ派もともに、伝統的、保守的なイスラーム宗教界の影響力を制御するとともに、イスラームを政治に取り入れた統治をすべしと考える、いわゆるイスラーム主義を掲げる政治組織に対して、軒並み大弾圧を加えた。

なのに何故、バグダーディのような超保守的厳格派（サラフィー主義と呼ばれる）のスンナ派イスラーム主義者が生まれたのか？　そこにはバグダーディが成人したぐらいの時期のイラクの特殊な環境がある。１９８０年代の終わり、イラクのフセイン政権は長期化したイラン・イラク戦争で疲弊した社会を癒すために、宗教に頼ることにした。バグダーディが通ったイラク・イスラーム大学が設立されたのは、その時期だ。

１９９１年湾岸戦争が起きると、フセインはその後彼なりの「イスラーム」推奨政策を進めた。湾岸戦争でアメリカに痛い目にあわされたフセインが、アメリカに対峙する上でイスラームを利用した、ともいえる。国際社会から経済制裁を受け、対外不信感と被害者意識が蔓延するイラク社会のなかで生まれた独特の、厳格なイスラームへの志向が、ここに生まれた。

## スンナ派vs.シーア派？

さて、ＩＳが弾圧したのは非イスラーム教徒だけではない。以降周辺国も含めて大きなインパクトを与えたのは、そのシーア派に対する徹底した否定である。ＩＳの襲撃当時、モースル周辺を警護していたのはシーア派中心のイラク治安部隊だったが、彼らはISによる集団虐殺の対象となった。その後、ティクリートなどISが制圧した街では、数百にわたるシーア派兵士の遺体が埋められていたのが発見されている（シュパイヒャーの虐殺）。ISがシーア派を「イスラームではない」とみなし、抹殺すべき異端者だと考えていたということに加えて、前述したようにISにイラク戦争前の旧政権支持派のイラク人が少なくないことから、シーア派中心のイラクの現政権に対してISの報復の思いは並々ならぬものがあったのだろう。

後に詳述するが、イラクでもシリアでも、「宗派対立」が当たり前のように紛争の原因だと見なされるようになったのは、最近のこと、早くても2003年、本格化したのは2006年頃からだ。本書の冒頭で挙げた、テロ事件による死者数の増減を表すグラフ（図1、4頁）で2005年頃から数値が急増しているのは、宗派対立のように見える内戦がイラクで起きたからである。だが、それまでイラクでは「異なる宗派は共存するもの」が常識だった。

ここでいう「宗派」とは、大きく分けてイスラームのスンナ派とシーア派を意味する。それぞれの宗派の人口、その違いについては、第5章で触れるが、イラク一国を取り上げれば、シーア派とスンナ派がだいたい半々だ。もっとも、正式な人口統計は60年以上も行われていないので、正確な数字は誰も知らない。正式な統計がないという事自体が、「違いを明らかにしてはいけない」という歴代政府の神経質な姿勢を反映している。

この宗派の違いが政治に反映するようになったのが、イラク戦争後だった。イラク戦争後のイラク国内政治の展開は次章で述べるが、ＩＳは「シーア派は抹消すべき」といった過激な敵意をむき出しにした。実は、湾岸戦争後の反政府運動の際、鎮圧にあたったイラク政府軍が「明日からシーア派はいない」というスローガンを掲げたことがあり、それがイラクでの露骨なシーア派蔑視政策の最初の例なのだが、それを一層大きな声と大きな暴力で堂々と喧伝したのは、イラク戦争後のザルカーウィとＩＳだった。

さらに宗派間関係を緊張させたのは、ＩＳの登場に対するイラクのシーア派中心の諸政党の対応だった。ＩＳの露骨な「反シーア派」姿勢に対して、シーア派宗教界が中心となって、ＩＳから祖国を守るための義勇兵が集められた。それが、ＩＳから祖国を守るためとして徴募《ちょうぼ》された「人民動員機構」という義勇兵組織である。あくまでも祖国防衛と呼びかけられたが、結果的にシーア派ばかりが集められ、シーア派中心の政党の民兵が主導権を取った。しかも、隣国イランのイスラーム革命防衛隊が堂々と軍事指導に加わってくる。

アバーディ政権は、何とか宗派的に偏向しないように、あるいは国家の意向を超えて独走しないように腐心したものの、実際に前線で戦ってきたシーア派義勇兵の士気の高さ、ヒーロー意識を抑えるのは簡単ではない。首相よりも「人民動員機構」司令官のほうがよ

対IS作戦で殉教したシーア派義勇兵。イラクのシーア派聖地近辺に掲げられている（撮影：桜井啓子氏）

っぽど人気がある、といった声も囁かれる始末だ。イラク政府が必死に宗派間の共存を謳っていても、宗派間の亀裂は否定しがたいものになっていく。しかも国防のヒーロー、「人民動員機構」の背景にはイランの姿がある。それを捉えて、「外国の手先」という不信感が募《つの》っていく。こうした相互不信の風潮が、イラク以上に中東全域に蔓延していくのだが、それは後の章で説明したい。

## 外国人戦闘員

ところで、ＩＳが国際的に目を惹いたことのひとつに、彼らが拠点とするシリアやイラクに多くの外国人戦闘員が流入したということがある。日本からも、２０１４年10月に「イスラーム国」へ参加しようと計画していた若者が、「私戦予備および陰謀」の疑いで家宅捜索を受ける、という事件が発生した。

治安・諜報分野を専門とする民間調査機関ソウファン・グループは、ＩＳに参加した者だけに限ったわけではないが、シリアとイラクにおける外国人戦闘員について報告書をまとめている。同グループが2015年12月に発表したデータによれば、最も多い外国人はチュニジア人で6000人、次いでサウディアラビア人の2500人である。しかし注目すべきなのは、ヨーロッパ諸国からの流入の多さだろう。ロシア（2400人）、フランス（1700人）、ドイツ、イギリス（ともに760人）、ベルギー（470人）、オーストリア、スウェーデン（ともに300人）となっている。西欧のみならずアジア（インドネシア700人、中国300人）からも多く、アメリカからも150〜250人程度が流入しているといわれる。

ロシア、中国から流入した戦闘員の多くは、前者はチェチェン、後者は新疆《しんきょう》ウイグルといった、本国で分離独立運動を繰り広げるイスラーム教徒だろうと推察されるが、西欧から流入する人々は、どういう人たちなのだろうか。

ソウファン・グループの報告書は、西欧からの流入は2014年から2015年で倍化して5000人となったとしているが、その多くが西欧在住の北アフリカなどにルーツを持つ移民二世、三世である。基本的には西欧諸国で国籍を付与《ふよ》され世俗的な生活に慣れ親しんだイスラーム系の住民が、なぜ突然ISのプロパガンダに煽られ、外国人戦闘員として合流するようになったのか。インターネット上でISが展開する巧みな広報戦術などが、こうした若者の心を魅了したのだとはしばしば言われるが、その根底には西欧社会における差別、イスラーム系住民の居場所のなさが存在する。

国によって移民政策は異なるものの、西欧諸国の多くは第二次世界大戦後の復興需要から、旧植民地から大量の労働者を受け入れた。その結果、フランスでは人口の7―9％、ベルギーは5％、ドイツは4・4％、イギリスは4・4％がイスラーム教徒となっている（2007年版 米CIA『ザ・ワールド・ファクトブック』）が、その多くが元移民としてヨーロッパ社会のなかで社会的上昇を果たせていないのが実情だ。2016年にロンドンでサーディク・カーンがイスラーム教徒として初めて市長に選出されたのは、移民の出自を持つイギリス人として画期的なことだったが、反面オランダやフランス、ドイツでは、近年移民受け入れ政策に反対の極右政党の伸張が目立っている。

ヨーロッパ社会から疎外され、ドロップアウトしたイスラーム系移民二世が、「ひとかどの人物」になれる機会かもしれないと期待して合流したのが、ISだったのだろう。ISに限らない。後に触れるアルカーイダもまた、欧米在住のイスラーム教徒に対して、似たような勧誘を行っていた。そしてそうしたイスラーム系ヨーロッパ人の多くが、連日報道されるシリア内戦での被害者の無惨な姿を見、アサド政権やシリアを空爆する欧米諸国に一矢報いてやりたいと考えて、シリアに馳《は》せ参じたのである。

ドロップアウトした人々に、戦う「大義」と自信を与える、という意味では、ISに魅了されるのはイスラーム教徒に限らない。欧米に生まれ育った非イスラーム教徒が改宗してISに合流するケースも少なくない。信仰熱心なユダヤ人の家庭に育った17歳のフランス人女性や、21歳の元ヒップホッパーのオランダ人女性、マイケル・ジャクソンに憧れた19歳のベルギー人青年などは、好例だ。

宗教や民族的出自に関係なく、どこかで挫折し屈折した人々にとって、ISは一種の「解放地域」に見えたのかもしれない。シリアの対IS最大の激戦地となったコバーニで命を落としたカナダ人のパンクロック好きの23歳の青年は、児童虐待の両親を離れて祖父母のもとで暮らした経験を持ち、イラクのラマーディで自爆犯として19年の生涯を閉じたオーストラリア出身の少年は、母親を亡くしたことを契機にイスラーム教に改宗していた。

そう考えると、ISは信仰熱心でイスラームとはなにかを熟知した人々の集まりだというわけでは決してないことがわかる。ISやアルカーイダについて多くの著書を出している保坂修司氏は、IS戦闘員の登録文書によればその7割がイスラームの知識に関して基礎的レベルでしかない、と指摘している。

## 世界に拡散するテロ

西欧で鬱屈していた若者を惹きつけたISは、さらに彼らに「世界各地で武器を持って立

パリ同時多発テロの襲撃現場となったカンボジア料理店前（2015年11月19日、提供：朝日新聞社）

ち上がる」よう、呼びかける。ＩＳに感化されたフランスとベルギーの北アフリカ系移民二世が起こした最大の爆破事件が、２０１５年11月におきたパリ同時多発テロ事件だった。劇場やカフェなど金曜日の夜を楽しむ客でごった返すなかで起きた乱射・爆破事件は、死者１３０人を超える大惨事となった。同じ年、１月にフランスでは、風刺画紙『シャルリエブド』本社に対するアルジェリア系フランス人による襲撃事件がおき、12人の死者を出していたが、ＩＳが犯行声明を出した事件としては11月が初めてだった。

　その４ヵ月後にはベルギーの首都ブリュッセルで空港と地下鉄を狙った爆破事件が発生、32人の犠牲者を出した。２０１６年６月初めにはイスラームの断食月（ラマダン）が始まったが、ＩＳはラマダン中の攻撃激化を世界中のイスラーム教徒に呼びかけたため、各地でISを名乗るさまざまな事件が発生した。アメリカのフロリダ州で銃乱射事件（49人死亡）、フランスのニースでトラックの暴走による襲撃事件（86人）、バングラデシュ・ダッカでの喫茶店襲撃事件（22人、うち日本人7名）、トルコ・イスタンブール空港襲撃事件（45人）、イラク・バグダード繁華街での自爆事件（323人）などがその例である。ISは同様の「攻撃命令」を毎年出しており、2017年にもマンチェスター（5月）、ロンドン（6月）で襲撃事件が起き、それぞれ22人、8人の犠牲者が出た。

これらのテロ事件の多くは、シリア、イラクでのISの活動が縮小傾向となって以降に頻発したため、ISの方針変更ではとも言われている。しかし、こうした事件はISに影響を受けたとしても直接の指示を受けたものではないケースが多く、現地で独自に展開する過激派のネットワークのなかで育ったか、あるいはISの思想や行動に感化された、いわゆる「ローンウルフ（一匹狼）」型の行動である。

特に後者の場合は、ISだろうとなかろうと、暴力に何か正統性や大義、理由をつけてくれる集団が世界のどこかにあれば、それに連動して自らの暴力衝動を発揮する類いのテロであろう。イスラームが暴力化するのではなく、暴力性を抱えた個人や集団が、それを正当化するためにイスラームを利用している。「暴力のイスラーム化」とでもいえるだろうか。そして、その暴力の根底には、上述した欧米社会における移民出身のイスラーム教徒に対する差別がある。

だとすれば、シリアやイラクでＩＳが衰退し、息が絶えたとしても、世界の至る所で疎外され鬱屈を抱えてドロップアウトする者が存在する限り、終息することはないだろう。若者ばかりではない。２０１６―17年頃にイギリスやアメリカで起きた「ＩＳを名乗ったテロ」事件の犯人には、50歳前後の中年世代も少なくない。ＩＳの最大の「成果」は、こうした人々に、「造反有理《ぞうはんゆうり》」の理を与えたことだといえる。

シリアやイラクを追われたＩＳは、今後どうするのだろうか。ＩＳがシリアやイラクに拠点を築いたのは、これら2ヵ国で国内の統治がうまく行かず、政府の管轄が行き届かない無法地帯ができたからだ。となれば、無法地帯になりつつある場所は、世界中のあちこちにある。「アラブの春」後混乱が続くリビアがそうであるし、以前からさまざまな武装勢力が入り込んでいたエジプトのシナイ半島もそうだ。

ＩＳやアルカーイダのような武装集団は、国家が破綻し、人々が自信と生きる意味を失ったところに住み着く。ではなぜ中東で、国家が破綻するのか。なぜ人々は自信を失っていったのか。

その最大の原因は、戦争である。そしてその最大の契機は、２００３年のイラク戦争に他ならない。

# 第２章

# イラク戦争
## （2003年）

ISを生んだとされるイラク戦争。
なぜアメリカによる戦後処理は進まず、
さらなる憎悪を増幅させていったのだろうか。

2003年4月6日、イラクのシーア派聖地カルバラでフセイン大統領の像を引き倒す市民たち（提供：共同通信社）

## ISを生んだもの

ISは、なぜ出現したのだろう。それは、2003年のアメリカのイラク攻撃、つまりイラク戦争にさかのぼる。

イギリスのイラク戦争参戦経緯と戦後処理を検証する独立調査委員会（通称チルコット委員会）は、2016年夏に膨大な報告書を発表した。そこではブレア政権が正しくない判断に基づきイラクを武力攻撃し、イラク戦争後の対処も十分ではなかったことが厳しく糾弾されている。つまり、イラク戦争が理も大義もない戦争だったということが、開戦から13年を経て、開戦当事国の公的な機関で認められたわけだ。無責任でずさんに行われたイラク戦争によって、イラクは秩序が崩壊し、政治は不安定化し、経済は停滞するという悲惨な運命をたどることになった。

その理不尽さから、ISは生まれた。「イラク戦争がなかったらISは生まれていなかった」とは、チルコット報告書で糾弾されたトニー・ブレア元首相自身が、2015年に述べた言葉である。イラクを攻撃して数十万もの死者を出す理不尽が通るのであれば、破壊者であるアメリカ人をジハードの対象にするのは全くもって理不尽ではない、といった趣旨のことをウサーマ・ビン・ラーディンが言ったのは湾岸戦争のあとだったが、イラク戦争後にＩＳに結集したものたちは、同じ思いを抱いただろう。イラク戦争が無責任かつずさんに壊したフセイン政権のイラクで生まれ育ったイラク人にとっては、なぜ自分たちの生活が戦争によって壊されるのか、さっぱり承服《しょうふく》できないからである。

ＩＳ指導者のアブー・バクル・バグダーディ自身が、その例だ。彼はその青年時代を湾岸戦争後の経済制裁下のイラクで過ごし、フセイン政権が当時推し進めていた「イスラーム化」キャンペーンの流れの中でイスラーム法学の学者となった、「イラク前政権の産物」ともいえる人物だった。ＩＳがイラクに進撃した初期、行動を共にしていたナクシュバンディー部隊は、イラク戦争によって解体されたバアス党の支持者たちによって構成されていた。

そもそも、ＩＳやそれらに先立つアルカーイダ系の組織がイラク西部で勢力を伸ばすことができたのは、イラク戦争後の反米・反政府活動が活発化していなければ不可能だっただろう。ＩＳを代表する武装勢力の、２０１０年代におけるグローバルな活動の舞台を作ったのは、イラク戦争とその後のイラク復興の破綻であることは、間違いない。

だとすれば、今や誰もが失敗だったと認めるイラク戦争を、なぜ米英を中心とする有志連合軍は始めることになったのだろう。米英の指導者たちは、最初から理や大義がない状態で開戦したのだろうか。

## アメリカは何故攻撃したのか

アメリカのブッシュ政権が、イラク戦争開戦の判断を何をもって行ったかについては、さまざまな説がある。イラクの石油資源が目的だったという意見もあるが、戦後の治安悪化を考えれば、米企業は期待したような利益をイラクから上げられたわけではなかった。

1991年の湾岸戦争で敗北したフセイン政権が、湾岸戦争後も倒れなかったので、10年ぶりに強引に政権交代をやってしまおう、という側面もあったかもしれない。なぜなら、アメリカとイラクの関係は、1990年にイラクがクウェートに侵攻したことで、一気に悪化、翌年の湾岸戦争で決定的に敵対関係に至っていたからだ。それまでのアメリカ・イラク関係は、70年代末に独裁だが現実主義者のサッダーム・フセインが政権について以降改善され、特にイラン・イラク戦争中はともにイラン憎しで国交樹立にまで至っていたが（1984年）、それがイラクのクウェート侵攻で反転したのである。

そして、90年代後半から共和党内部で活動を活発化させていたネオコンと呼ばれる新保守主義者たちが、特に9・11米国同時多発テロ事件以降、積極的にイラクのフセイン政権打倒を主張していたことが、決定打となった。9・11事件をきっかけに、アメリカがイラクのフセイン独裁政権が抱く反米姿勢を問題視し、これを「民主化」しないことにはアメリカは安全ではいられない、と推論したことにある。その背景については、第3章で触れる。

とはいえ、他国の内政に干渉することを前提にした政策は、深刻な人道的危機が理由でない限りは、国家主権を原則とする国際政治において堂々と公言できることではない。そのため、開戦理由として公に掲げられた理由は、イラクが化学兵器や核兵器、細菌兵器などの大量破壊兵器の開発を進めていて保有しているからだ、というものであった。

イラクは、1991年に湾岸戦争で米軍を中心とする多国籍軍に、その停戦合意として軍備拡張をしないことを誓約させられた。保有する大量破壊兵器は、国連の兵器査察団の監視のもとで廃棄させられることになった。イラン・イラク戦争末期、1988年にイラク軍は反政府活動の激しいクルディスタンの町（ハラブチャ）に化学兵器を使用したし（アンファル作戦）、1981年には開発中だったオシラク原子炉をイスラエルに攻撃されている。湾岸戦争のときは、通常の弾頭ではあったが、イスラエルとサウディアラビア領域内にミサイルを撃ち込んだ。なので、「イラクは大量破壊兵器を持っているか持とうとして開発している」という疑惑が濃厚だったのだ。そのため査察は、何年も、厳しく続いた。

90年代に繰り返し実施された国連による大量破壊兵器査察では、多くの長距離ミサイルが発見され廃棄されるなど、前半にはかなりの成果を上げた。しかし後半になると、イラク政府側の協力が十分でないとみなして、査察活動は強引なものとなっていったため、イラクは国連の査察を拒否した。2002年になって、アメリカはそれを激しく問題視し、国連の査察では大量破壊兵器を見つけられないとして、イラクに対する軍事攻撃を主張したのだ。

2003年2月の国連安全保障理事会で当時のコリン・パウエル米国務長官は、イラクが核開発のためのウラニウムを購入しようとしているなど、さまざまなデータを盛り込んだ報告書（パウエル報告書）を提示して、イラク戦争を正当化しようとした。他の国連安保理事国、特にフランスなどは、国連査察団は十分な活動をしているから性急に軍事行動を取るべきではない、と主張して米英の主戦論に反対したため、国連が戦争を容認する決議を行うことはなかった。

では、大量破壊兵器は結局見つかったのか？　イラク戦争開戦から1年半後の2004年9月、パウエル国務長官は探索をあきらめる発言をした。見つからなかったのである。パウエル報告書に使用された証拠の多くがねつ造だったり剽窃《ひょうせつ》だったりしたことが、のちに判明した。パウエルはその後半年経たずして国務長官職を終えた。

## ずさんな戦後処理

開戦理由と正当化がずさんなら、その後の戦後処理はもっとずさんだった。

2003年3月20日に有志連合軍は、バグダードを始めとするイラク各地に大規模な空爆を行い、イラク戦争を開始した。攻撃に参加した国は4ヵ国（米、英、オーストラリア、ポーランド）、総兵員26万3000人という数は、湾岸戦争の際に組まれた多国籍軍に比べて圧倒的に小規模である。

それでも、侵攻は順調に進んだ。南部クウェートから地上部隊が北進し、南部の諸都市をつぎつぎに制圧した後、4月9日にバグダードに入り、市中心街のひとつ、フィルドゥース広場にあるフセイン像を引き倒した。イラク軍の抵抗はほとんどの地域で見られず、バグダードへの米軍侵攻も静かに迎えられた感がある。四半世紀の間、独裁体制を築いてきたフセイン政権に対する不満は、実はイラク社会全体に広がっていたからである。2003年にオクスフォード大学が実施したイラク人に対する世論調査では、8割方の回答が「フセイン政権が終わったことを歓迎する」としていた。

これをもって実質的なフセイン政権の崩壊とされ、残る北部の諸都市もモースルが11日に、ティクリートが15日に米軍の手に落ちた。5月1日にブッシュ米大統領は「主要な戦闘の終了」を宣言し、「戦争」としてのイラク戦争はわずか42日で終わった。その間の米兵の死者は139人だった。

ティクリートの大統領宮殿前に集まった米軍兵（提供：共同通信社）

だが、残念ながら、戦後イラクの占領統治に入った米軍とブッシュ政権は、おそらく最も歓迎されざることを行った。壊さなくていいものを壊し、残すべきものを排斥し、なかったものをあったといい、つながっていなかったものをつながっているとし、結果として呼び覚ます必要のない国民の不満を掻《か》き立てたのだ。

「主要な戦闘の終了」宣言以降、最初の2週間は軍人のジェイ・ガーナーが、次いで文民のポール・ブレマーが連合国暫定統治局（CPA）の長としてイラクに派遣され、戦後改革を進めた。だがその「改革」は、アメリカが主張する「民主化」を形式的に進めることにばかり力点が置かれ、住民の生活の安定を確保する措置は二の次とされた。その後最悪の決定として語り継がれることになった最初のブレマーの命令が、軍や治安部隊、バアス党の解体と、旧体制関与者の大規模な公職追放である。戦前のバアス党体制は非人道的な独裁体制であり、これを倒して民主化することがアメリカの使命だ、というのが、9・11同時多発テロ事件以来のブッシュ政権の謳い文句だったからだ。その結果、旧体制下で不満を託っていながらも、フセイン体制で職と生活を得ていたイラクの中間層の人々が、アメリカ主導の戦後の制度設計に十分取り込まれず、新体制を支えることができなかった。

確かに、制度としての「民主化」は、着々と進められた。CPAは、「終了」宣言から2ヵ月後にはイラク人による統治評議会を、同年9月には閣僚を任命して「イラク人の手による戦後復興」の体裁を整えようとした。一方で、イラク人の間では全般にアメリカ主導に対する反発が強く、早期の選挙実施と民選議員による国家運営を求める声に押されて、2004年6月には移行政府が成立、そのもとで2005年1月には初めての自由選挙である制憲議会選挙が、10月には新憲法を承認する国民投票が実施された。2005年末には第一回国民議会選挙が行われて、シーア派イスラーム主義政党の連立選挙ブロックが勝利し、2006年5月には、連立の中心たるダアワ党を率いるヌーリー・マーリキーが首相に就任した。その後も、国政選挙、地方議会選挙は治安情勢に左右されながらもおよそ4年毎に実施されている。

だが、制度的な民主化が進むにつれ、雨後の筍のように乱立した政党組織は、本当に機能し、イラク社会の意向を反映したのだろうか。それがそうではないことは、民主制度の進展と反比例するように国内の治安が悪化したことからも、わかる。イラクに駐留していた米軍は、これらの制度面での達成を理由に、2011年末には全軍の撤退を実現したが、実際にはイラク国内の治安悪化で被る米軍の被害に耐えがたい状態にあったからである。

## 治安の悪化と「イスラーム国」の起源

それでもイラク戦争が終わってすぐの時期は、さほど治安に問題はなかった。「主要な戦闘の終了」宣言から2ヵ月の間の、イラク駐留米兵の死者は1日平均約1人だった。その1年後、ピーク時には1日平均4〜5人もの米兵が殺される事態になるとは、予想もされていなかった。

イラク駐在外国人を狙った攻撃が始まったのは、2003年8月からである。7日にはバグダードのヨルダン大使館が、19日には国連イラク本部が爆破され、後者では代表のセルジオ・デ・メロが死亡した。11月12日には南部ナースィリーヤに配属されていたイタリア軍部隊が自爆攻撃を受け、17人のイタリア兵が死亡した。同じ月の29日、ティクリートへ向かう路上で、日本人外交官の奥克彦大使、井ノ上正盛書記官が何者かに襲撃され、イラク人の運転手とともに殺害された。

2004年4月には、中部のファッルージャと中南部のナジャフで本格的な反米抵抗運動が展開され、ナジャフでは宗教界の仲介によりいったん収まったものの、ファッルージャでは米軍・イラク部隊の徹底した鎮圧行動を受け、ますます反米・反政府気運が高まった。日本人ボランティアとジャーナリスト5人がファッルージャで拉致されたのも、この時期である。

問題は、こうした地元社会の抵抗運動に、国外からの反米武装組織が合流したことである。イラクに米軍が国際社会の合意も正当な理由もなく軍事侵攻し占領している、という事実は、中東のみならず世界のイスラーム社会全体に対米不信を生み、そこから反米を掲げてイラクの米軍を攻撃しようと考える武闘派が、イラクに流入した。2007年秋に米軍が捕縛したイラク国内の反米武闘派750人のうち、41%がサウディアラビア人、18%がリビア人で、その他シリア人、イエメン人、アルジェリア人が多かった、と報告されている。

なかでも2006年に米軍に殺害されるまでイラクでの反米攻撃を主導し続けたのが、前述したヨルダン人のアブー・ムスアブ・ザルカーウィだった。ヨルダン社会で、普通の落ちこぼれ、無頼者だったザルカーウィは、パレスチナ人のイスラーム主義思想家、アブー・ムハンマド・マクディスィーに感化され、厳格で過激な武闘派イスラーム主義者となったと言われている。

『ブラック・フラッグス』の筆者ウォリックは、ザルカーウィがアルカーイダのウサーマ・ビン・ラーディンに共闘を求めてアフガニスタンにいたところ、２００３年の米軍のアフガニスタン攻撃によって骨折し、その後イラク北部に逃れて活動拠点とした、と指摘している。アメリカへの報復意識を育み、アフガニスタンを逃れてたまたまイラクにいたザルカーウィは、イラク戦争が始まると、反米気運の高まるイラク西部地域にネットワークを広げ、瞬く間に反米活動のリーダーとなったのである。２００４年にはビン・ラーディンにラブコールを送り、「メソポタミアのアルカーイダ」を名乗ってアルカーイダ傘下に入った。

反米勢力が特に拠点としたのが、最も反米・反政府感情を強めていたファッルージャであった。イラクにおける米・政府軍の徹底した鎮圧行動は、地元住民の米兵への憎しみを煽るだけだった。イラクでの駐留兵の被害をカウントしている民間のサイト（iCasualties : Operation Iraqi Freedom）によれば、ファッルージャが位置する西部アンバール県での駐留軍兵士の死者は、バグダードに続いて2番目で、全体の4分の1以上の１３３７人に上る。

その結果、イラクは２００６年から約2年間、内戦ともいえる激しい混乱に陥った。２００６年2月、シーア派聖地のひとつであるサマッラーで、第11代イマームのハサン・アスカリを祀ったアスカリ廟が爆破されたことを契機にして、スンナ派武装勢力とシーア派民兵勢力の間で武力抗争が発生したのである。同年5月に、シーア派イスラーム主義政党が主導する正式政権が成立したことに対する反発もあっただろう。２００６年から2年間でイラク人民間人の死者は、上記iCasualtiesによれば3万４０００人弱、イラク・ボディカウントでは5万２０００人に上り、２００７年末までに死亡した米兵の数は３９０８人となった。

イラク駐留の米兵の死者数が９・１１の犠牲となった人々の数を超えたことが、米国内では深刻に受け止められ、イラク戦争自体の是非についても疑問が出されるようになった。長引く駐留にいら立つ米兵が、拘留したイラク人相手に虐待や非人道的行為を繰り返したり、住民の女性をレイプしたといった不名誉なニュースも伝わってくる。『ミッション：インポッシブル』などの娯楽映画を撮ってきたブライアン・デ・パルマ監督が、イラク駐留米兵の狂気に満ちた姿を赤裸々に描いた『リダクテッド』を完成させたのも、この時期のことである。すっかり厭戦《えんせん》ムードに陥ったアメリカ社会は、イラクでの内戦がようやく収拾し始めた２００８年の大統領選挙で、イラク戦争に反対したバラク・オバマを選んだのだった。

## 宗派対立の芽

内戦状態に陥ったイラクを収拾するために、米軍が取った方策は、ザルカーウィなどの国外から入り込んだ反米武装勢力と、イラクの地元住民とを分断することだった。西部のアンバール県を中心に、米軍は地元の部族勢力にカネと資源をばらまき、アルカーイダなどの外来武装勢力と手を切り米軍とともに行動するよう促した。「メソポタミアのアルカーイダ」は、2006年6月に指導者たるザルカーウィを失い、10月には他の勢力とともに「イラク・イスラーム国」を設立したが、のちにシリアに拠点を移してISとしてカムバックするまでは、その後の弱体化は止められなかった。2007年末にはイラク人民間人の死者数はピーク時の3分の1程度に減少し、さらに2009年には5分の1までとなった。米軍撤退の年である2011年にイラク国内で殺害された米兵の数は、わずか54人であった。

だが、反米武装勢力が狙ったもうひとつの目標は、着々とイラク社会を蝕んだ。それは、イラク国内の宗派間の対立に火を点け、米軍撤退後も混乱が続くことである。

イラク戦争は、戦争によってイラクを民主化するのだ、という発想がブッシュ政権のなかのネオコンの間に強かったから起きた、と前述したが、その背景には英米に亡命していたイラク人政治家の影響があった。湾岸戦争以来12年間にもわたるロビー活動を通じて、ブッシュ政権下の政策立案者たちと密接なコネを作り上げた亡命イラク人たちは、リベラル派であれイスラーム主義者であれ、フセイン政権後のイラク政治を担う意欲満々だった。

だがこうした亡命イラク人のネックは、イラク国内に支持基盤を持たないことだった。それればかりか、国内のイラク人からは、亡命者たちはあまり歓迎されないよそ者だった。そこで亡命イラク人が短絡的に依存したのが、宗派アイデンティティを強調した動員だった。選挙で過半数の票を得る手っ取り早い方法は、人口的に過半数となるアイデンティティを喚起するのが一番楽である。シーア派の亡命政治家たちは、シーア派宗教界を巻き込んで、戦後イラクを「シーア派」の政党連合で主導しようと主張した。後述するサドル潮流のように、亡命政治家に反感と不信感を抱いていた国内組のシーア派政治家も、とりあえず宗派連合に乗ることにした。

この方式で損をするのは、スンナ派のアラブ民族だった。建国以来政治的エリートの地位にあったスンナ派アラブ人たちは、常に優位にあったので「スンナ派」でまとまる必要性を感じたことはない。それが戦後の「民主化」されたイラクで、シーア派中心に政党政治が定着していくのに比較して、スンナ派の政治参加の出遅れをもたらした。2005年1月の制憲議会選挙ではスンナ派政治家の多くが選挙をボイコットし、遅ればせながら参加した12月の選挙でも統一方針を立てることができずに、シーア派に対抗できる力をもてなかった。

2006年に始まった内戦時には、スンナ派住民の心を摑《つか》む必要から、米軍がスンナ派部族を重用し、政権内にもスンナ派政治家を取り込む「国民和解」政策が推進された。だが、内戦が終わると部族への配慮も途絶え、取り込んだスンナ派政治家も再び辺境に追いやられた。2010年の第二回国政選挙で、派閥間の調整が難航したあげく、マーリキー首相の続投が決まると、マーリキーは自身の実力を過信したのかもしれない。これまで政権内に登用してきたスンナ派の野党政治家の重鎮を、次々に「テロ支援」疑惑でパージしていった。そのことがいったん収まったスンナ派住民の政府批判を湧き立たせ、2013年からアンバール県を中心に反政府抗議活動が再燃した。ISがモースルを急襲した背景には、こうした反政府活動の歴史があり、ISのような反シーア派的組織が入り込む素地があったのである。

## 腐敗と汚職の定着

とはいえ、イラク国民の政府に対する不満は、必ずしもその宗派性や政治的志向に向けられているのではない。最大の批判の的は、腐敗と汚職だ。

戦争が終わって14年にもなるというのに、生活インフラが整わない。電力供給量は毎年増加し、戦後10年間で倍となっているにもかかわらず、一般家庭での停電は日常茶飯だ。戦後、米企業はむろんのこと、欧米先進国の企業はイラクの復興需要があるはずと思い、大いに参入を期待したものだが、戦後目玉になるような復興事業が完成してイラク経済が格段に良くなった、という話は、ついぞ聞かない。庶民の購買意欲を満たす、巨大ショッピングモールが開設されたことが、明るい話題として口端に上る程度だ。

イラクの石油産出量は、決して少なくない。国内のパイプラインや石油輸出施設はイラク戦争前からさほど整備・拡張されていないとはいえ、戦前レベルを大きく超えて、伸びている（図3、図4、次頁）。年によって石油価格が大きく落ち込んで収入に響くことはあっても、他の非産油国の収入から比較すれば、圧倒的に裕福な国だ。

２０１６年時点で購買力平価（ＰＰＰ）ベースのＧＤＰをみれば、イラクはタイに続き世界78位で、ブラジル（84位）、インドネシア（１００位）はもちろん、中国（81位）すらも上回っている（ちなみに日本は、30位。以上、オンライン誌『グローバル・ファイナンス』、２０１7年2月13日付）。経年変化を見ても、戦後内戦ありＩＳの侵攻ありといいながら、右肩上がりが続いている（図5、63頁）。

にもかかわらず、復興が進まない最大の理由は、腐敗・汚職が戦後のイラク社会に定着してしまったからである。腐敗・汚職撲滅を推進する国際機関、トランスペアレンシー・インターナショナルの「腐敗認識インデックス２０１６」によれば、イラクの２０１６年の公明正大度合いは１６６位、下から10番目だ（下にはソマリア、アフガニスタン、南スーダン

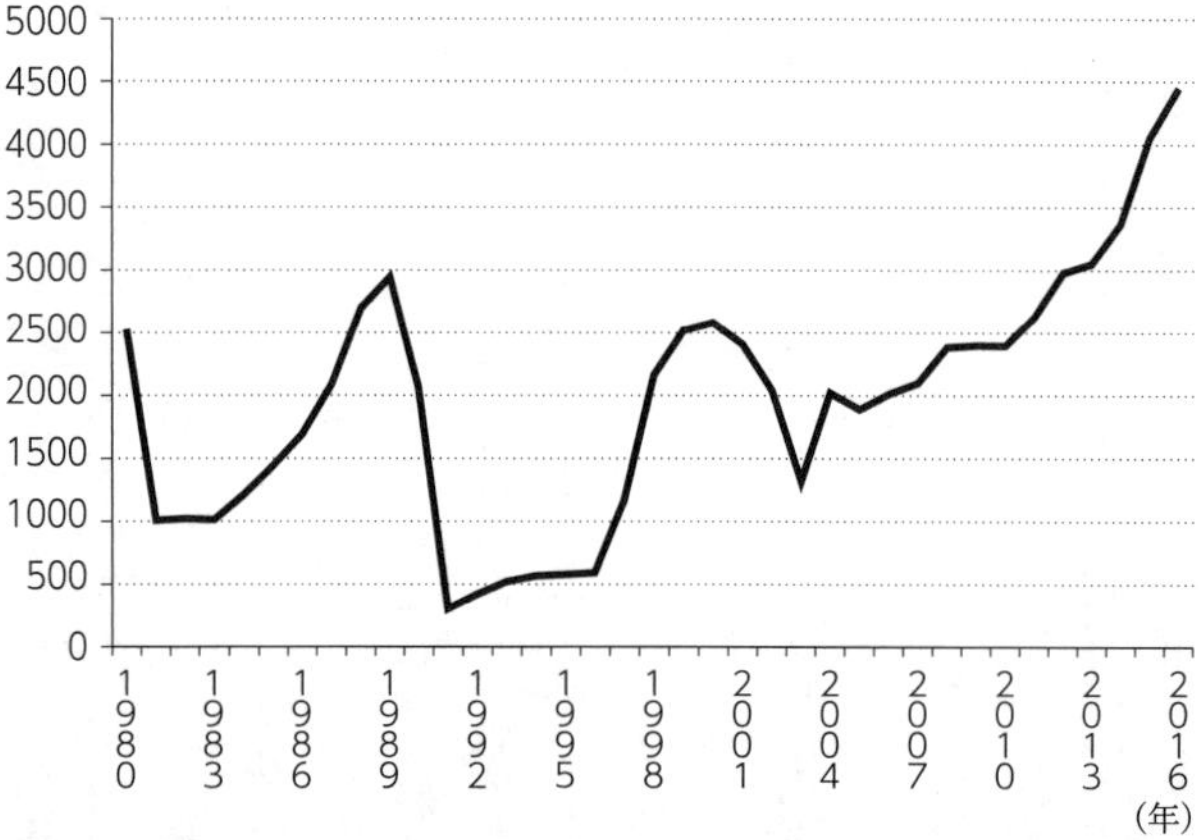


図3　イラクにおける原油生産の推移
（1980-2016年、単位：1000 bbl/d、出所：米エネルギー情報局）

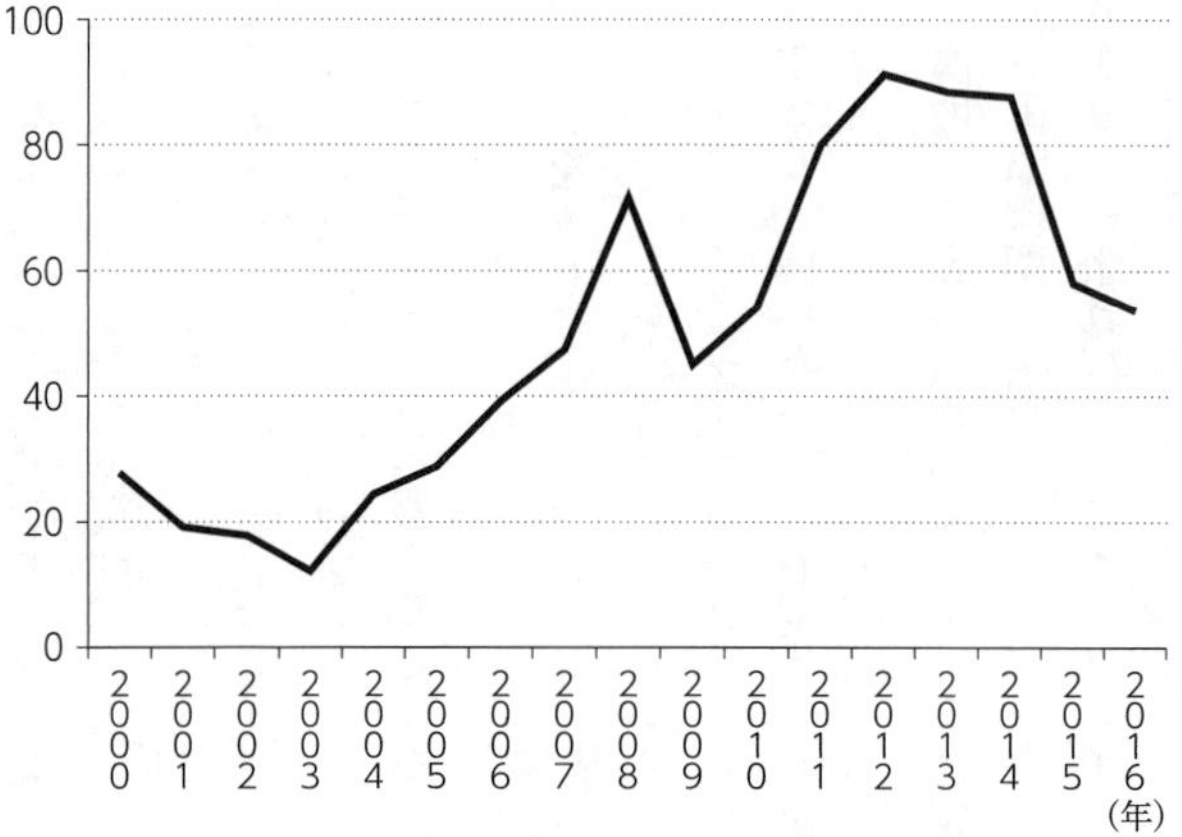


図4　イラクにおける石油輸出額推移（2000-16年、単位：10億ドル、出所：同上）

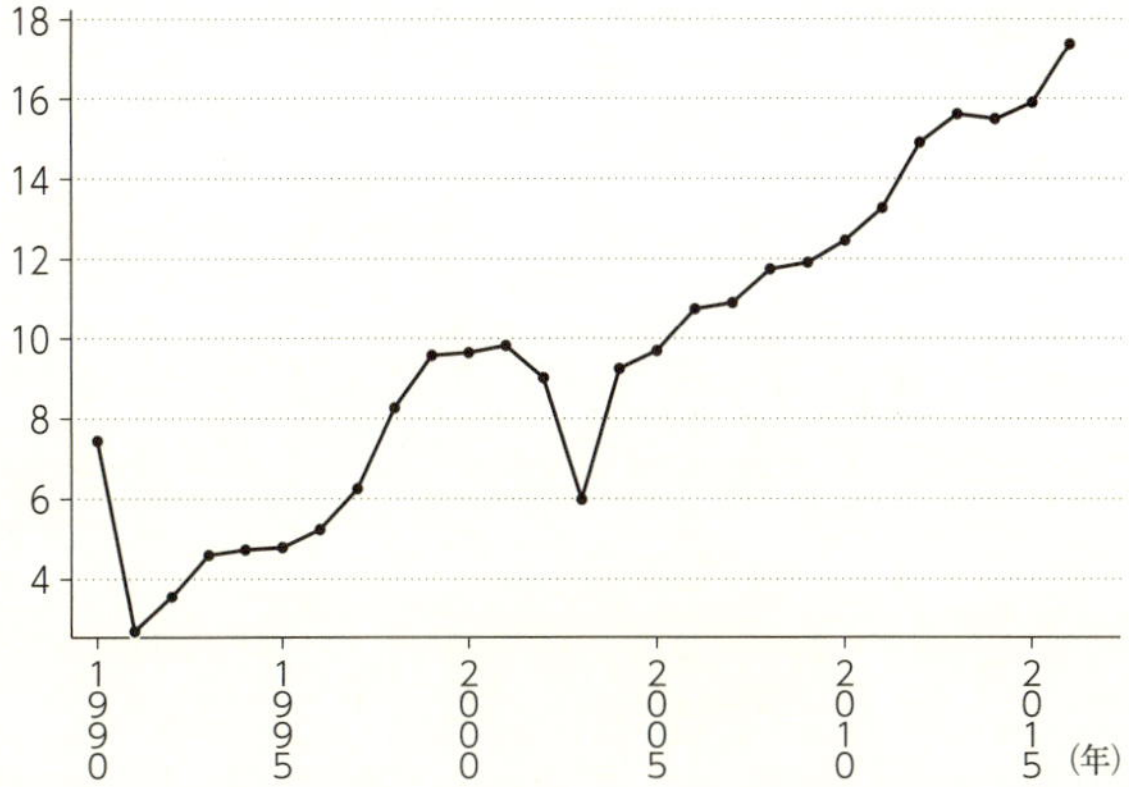


図5　イラクのGDPの変化（1990–2016年、単位：1000ドル、出所：世界銀行）

などが来る)。

なぜこうなったのか。戦前は、前政権の厳しい統制もあって、特に公務員や政治家の汚職は少ない方だった。それが今蔓延しているのは、ひとつには新参政治家たちが支援を得るためにカネに依存するということがある。戦後海外から帰国して国内に基盤を持たない、元亡命者の政治家は、一層そうだろう。

国内組でも、登用された当初は清廉潔白、地道な福利厚生活動を評価されていたのに、任期を経て腐敗していく政治家もいる。油田地帯のキルクーク県知事がその例だ。クルド人医師として地元の評判がよかったのに徐々に殿様気分に毒されて腐敗し、２０１７年９月のクルド独立国民投票では、所属政党たるクルディスタン愛国同盟（ＰＵＫ）が、「独立を求めるのはまだ早い」との党方針を掲げていたのに、方針に反して勝手に独立を煽って解任された。カネの力が彼を増長させたのだ、と囁かれている。

駐留米軍の治安対策も、裏目に出た。２００６―07年、内戦の激しい時期に、米軍は自分たちが攻撃されないよう地方の有力部族などにカネをばらまき、彼らをアルカーイダなどの反米組織に協力させないような政策を取った。このことが、地元社会の金銭感覚を狂わせ、労せずしてカネを手に入れる風潮を定着させたのである。

こうした腐敗に対して、国民は不満を募らせる。後述する「アラブの春」はイラクにも及んだが、このとき世俗系無党派層の若者を中心に、政府批判のデモが繰り返された。世俗派だけではない。シーア派イスラーム主義を掲げる反米派ナショナリストのサドル潮流が、繰り返し既存政党に反旗を翻し、デモや集会での動員力を盾に、政府批判を展開した。

サドル潮流とは、１９９０年代末に前政権に殺害されたとされるシーア派の宗教権威、ムハンマド・サーディク・サドルを父に持つ、ムクタダ・サドルが率いる国内組勢力である。イラク戦争直後にバグダードや南部各地で頭角を現し、貧困層や若者層を中心に絶大な人気を誇った。彼らは、戦後になってようやく海外から戻ってきた亡命政治家たちと違って、イラク戦争はむろんのこと、湾岸戦争、その後の国連による経済制裁、そしてイラン・イラク戦争を体験してきた。国際社会とフセイン政権の最悪の政策を耐え忍んできた人々である。

欧米で、あるいはイランやシリアでのうのうと暮らしてきた戦後政権の幹部とは、苦労の度合いが違う。生まれてこの方、独裁と戦争と経済制裁しか知らない若者たちにとって、ムクタダ・サドルの歯に衣着せぬ対米、対政府批判は、しばしば小気味よく映る。IS後のイラクが本格的な復興を進められるかどうかは、こうした「国内組」の政治勢力がいかに国民の声に応えていけるかにかかっているだろう。

だが、海外亡命組であれ国内組であれ、イラク政治家たちが抜けられないトラウマが、戦後イラクには浸透している。それは、政権側も反政府側も、「犠牲者としての自分たち」という自己認識から脱却できないことだ。現政権につくものたちは戦前に受けてきたさまざまな不利益を、現政権に反発するものたちはアメリカと政権交代によってうけた不利益を、不当だと主張して権利回復に邁進する。少数派民族はありとあらゆる権利を回復できて当然と勇み、イスラーム主義者はイスラーム世界全体が欧米の襲撃にさらされているとみなす。それが、宗派や民族として犠牲となった、との意識につながり、相互の和解を阻んでいる。

「犠牲者として貶《おとし》められ続けた」という記憶――。その積み重ねが中東各地で、テロであれ紛争であれ、さまざまな暴力事件を起こす要因になる。そのことは上述した、西欧での移民出身の若者に如実に表れているだろう。

そして、欧米に対して「怨みを晴らす」行動を、最初に、激烈な形で世界に示したのが、9・11事件だった。

# 第3章

# 9.11
## (2001年)

世界貿易センターに突っこんだ
2機の飛行機がもたらしたものは、
希望に満ちた新世紀の幕開けではなく、
泥沼の戦争だった。

2001年9月11日、航空機突入後の世界貿易センタービル(提供:共同通信社)

### イラク戦争の母

何もかもめちゃくちゃにしたイラク戦争のことを、開戦前、サッダーム・フセインは「すべての戦いの母なる戦争」と呼んだ。そんなすべての災厄の元凶には、さらにそれを引き起こした原因がある。それが２００１年の米国同時多発テロ事件、通称９・１１事件である。

前述したとおり、ブッシュ政権がイラク戦争を決断した背景に、ネオコンの存在があった。アメリカは民主主義の旗手として自由と民主主義を世界に広げていかなければならない、というネオコンの「民主主義の輸出」思想は、１９７０年代ごろから主として民主党の一部に育まれてきたが、その後共和党のレーガン政権（１９８１―89年）のなかで影響力を強めていた。そして、民主主義の輸出のためには軍事的手段も辞さない、という発想から、予防攻撃や軍事的制裁を志向していったが、それが国民的支持を得、アメリカの安全保障観の転換をもたらしたのは、９・１１米国同時多発テロ事件に他ならない。

ビン・ラーディン率いるアルカーイダが、９・１１事件ほどの大規模な攻撃をアメリカに対して行えるのならば、１９９１年の湾岸戦争で叩き潰し損ねたイラクのフセイン政権が同様のことをアメリカに対して行わないはずがない。アメリカに攻撃意図がある者や国が世界からなくならないかぎり、中東が「民主化」しないかぎり、アメリカはテロの懸念を払拭することができない。だからイラクを軍事攻撃するしかないのだ——。

冷戦終結後に唯一の超大国となったアメリカを、そこまで追いつめたのが、9・11である。9・11のショックに囚われていたアメリカが選択したのが、アフガニスタンでアルカーイダを殲滅《せんめつ》し、イラクでフセイン政権を打倒することだった。前述したブレア元首相の言い方を借りれば、イラク戦争がなければISはなかったし、9・11がなければイラク戦争もISもなかった、ということになろう。

それほどのショックをアメリカと世界にもたらした9・11事件とは、なぜ、どのように起きたのだろうか。

## 9・11ショック

2001年9月11日、ニューヨークでは朝のニュース番組が放映されているところだった。最初のカメラがとらえたのは、アメリカの世界経済における位置づけを象徴するかのごとくそびえたつ双子の世界貿易センタービル（WTC）のひとつに、飛行機が突っ込むシーンだった。最初は事故だと誰もが思った。だがその十数分後に、もう一機が残されたWTC南棟に突っ込んだ時、初めてそれがテロ攻撃だと気が付いた。その半時間ほど後に

2001年9月11日、米国同時多発テロ事件を受けて声明を発表するブッシュ大統領（提供：共同通信社）

は、もう一機がワシントンで国防総省ビルに突っ込んだ。

ハイジャックされた飛行機は全部で4機、WTCと国防総省ビル以外にもホワイトハウスが攻撃対象とされたが、それは失敗した。この同時攻撃によってWTCは南北両方の棟が完全に崩れ落ち、死者は約3000人に上るなど、アメリカが被った最大のテロ被害となった。アメリカが奇襲攻撃を受けたのは、1941年の日本軍による真珠湾攻撃以来のことで、ジョージ・W・ブッシュ大統領は非常事態を宣言、国境を封鎖し、厳戒態勢を敷いた。

アメリカ全体が衝撃のなかで一体感を強めるなか、国際社会もアメリカへの同情を惜しまなかった。国連は「テロの脅威に対しては個別ないし集団的自衛権がある」とした安保理決議1368を、9・11事件の翌日に採択した。2003年のイラク戦争に際して、国連が一切、アメリカの軍事行動を認める決議採択を行わなかったことと、対照的だ。後述するように、当時アメリカと深く対立していたイランでは、9・11事件直後は恒例のスローガンのはずの「アメリカに死を！」という掛け声が、姿を消した。他の中東諸国で、「アメリカ、ざまあみろ」的な庶民の反応が見られた国もあったが、アメリカの怒りの深さにほとんどの国がアメリカへの弔意《ちょうい》を強調するという、稀に見る国際社会の結束が見られた。

さて、こんな大事件を起こしたのは一体だれか？　FBI（連邦捜査局）ではすぐさま犯人が特定された。正式発表には2週間を要したが、実行犯は全員で19人、うち15人がサウディアラビア、2人がアラブ首長国連邦（UAE）、1人がレバノン、1人がエジプト人だった。唯一のエジプト人のムハンマド・アタは、最初のWTC北棟に突っ込んだリーダー格の犯人で、カイロ大を優秀な成績で卒業した後、ドイツのハンブルク工科大学で都市計画を学んだエリートだった。彼らはアメリカ国内で航空機操縦のトレーニングを積み、準備万端、2001年9月11日に備えていた。

そして事件発生から数時間後には、米国家安全保障局は事件の背景にウサーマ・ビン・ラーディンがいると確信した。実行犯たちはアルカーイダのメンバーであり、アフガニスタンに拠点をもつアルカーイダと、その首謀者であるビン・ラーディンによって発案されたものと判断したのである。

　米政府は、アフガニスタンに対してビン・ラーディンの引き渡しを要求した。しかしアフガニスタンのターリバーン政権はこれを拒否、その結果ブッシュ政権は、ターリバーン政権をテロリストの庇護者として、アフガニスタンに対する軍事攻撃を開始するに至る。

ウサーマ・ビン・ラーディン
（提供：共同通信社）

攻撃対象と定めた。そして、10月7日、アフガニスタン戦争である。

　当初、アフガニスタンは手ごわい国、と考えられていた。19世紀半ばから第一次世界大戦直後までの間に、大英帝国相手に3回も戦争を行い、苦戦を強いた相手である。１９７９年にアフガニスタンに侵攻したソ連軍は、しぶとい抵抗にあい、１９８９年に撤退を余儀なくされた。

　ところが、大方の予想に反して、開戦から40日たらずで首都カーブルは陥落、11月半ばまでにはターリバーン政権は崩壊状態となった。戦闘と並行して国連はアフガニスタンの反ターリバーン勢力をドイツのボンに招集し、ターリバーン政権崩壊後の政権構想を議論した。その結果、12月22日にはハーミド・カルザイを大統領とする暫定政権が成立したのである。

## 90年代におけるビン・ラーディンの反米活動

９・１１事件の首謀者としてビン・ラーディンとその組織アルカーイダの名が、すぐ挙げられたのには、理由がある。その数年前からビン・ラーディンが、特にアメリカの施設を狙った攻撃を強めていたからだ。前述の保坂氏によれば、ビン・ラーディンの関与が噂されたテロ事件で最も古いのは１９９２年、アデン（イエメン）のホテルを爆破したものだが、その後ソマリアで米軍が襲われた事件（１９９３年）やエチオピア訪問中のムバーラク・エジプト大統領暗殺未遂事件（１９９５年）なども関連するのでは、と言われた。１９９５年に起きたリヤードでのサウディアラビア国家防衛隊施設爆破事件などのように、本人の関与というよりビン・ラーディンに感化されて起こした事件もあった。

しかし、なぜビン・ラーディンは90年代、急に反米活動を展開し始めたのか。その原因ははっきりしている。１９９１年の湾岸戦争だ。

湾岸戦争とは、その前年にクウェートに軍事侵攻したイラクをクウェートから追い出すために、米英を始めとした多国籍軍が、国連の武力行使容認決議を背景に起こした戦争である。このとき、クウェートの近隣諸国で同様に君主政を取るアラブの国々は、こぞってクウェート支持、反イラクに回った。

なかでもサウディアラビアは、後述するように、80年代には対イランでイラクと足並みをそろえたとはいえ、社会主義共和政のイラクに脅威を感じてきた。クウェート全土を軍事占領したイラク軍が、クウェート・サウディ国境に迫り、次はサウディに侵攻かと危機感を募らせたのである。そのため、サウディはアメリカに国防をゆだねる決断をした。その結果、米軍がサウディ国内に駐留することとなった。

だが、サウディアラビアという国は、メッカとメディーナというイスラームの聖地を抱え、サウディ王家は両聖地を護る者、と自らを位置づけて王政の正統性を保ってきた国である。米軍駐留の決定に、聖地を護ることがその存在意義であるはずのサウディ王家が、外国軍に依存するばかりか、異教徒の兵士を国内に招き入れるなど言語道断、と考えた人々は、サウディアラビアのみならずイスラーム世界に少なからず存在した。その最たる例が、サウディアラビアの大財閥ビン・ラーディン一族の六男、ウサーマ・ビン・ラーディンだったのである。

ビン・ラーディンは、湾岸戦争を契機にアメリカとサウディ王政に対する厳しい批判を展開した。その結果、1994年にはサウディ政府から国籍剝奪の憂き目にあう。ビン・

ラーディン一族からも追放されて、その後スーダンに身を寄せた。だがそのスーダンからも、国際社会の圧力によって追い出され、アフガニスタンに拠点を築くのである。

ビン・ラーディンが米軍への宣戦布告演説を行い、はっきりとアメリカに対する攻撃の意思を示したのは、1996年8月、まさにスーダンを追われた3ヵ月後だった。彼は、歪んだ世界を正すために戦うのがイスラーム教徒の義務であり（ジハード）、その最大の敵はアメリカである、と主張した。そしてその2年後には、アメリカ人すべてが標的であると公言し、ケニアとタンザニアのアメリカ大使館を爆破した。

当時のクリントン米政権は、その報復として、スーダンとアフガニスタンをミサイル攻撃した。ここに、ビン・ラーディンとアメリカが直接対峙する、「はた迷惑な空中戦」の構造が生まれたのである。

## アルカーイダの国際性

アルカーイダが過去の中東出身の武装集団と決定的に異なるのは、この国際性である。これまでの中東起源の武装集団は、アメリカはあくまでもイスラエルを支援する「黒幕」としての敵であり、自国にあるアメリカの施設を「侵略者」として攻撃することはあっても、アメリカ本土を攻撃するという発想はなかった。イラン革命のときの在テヘラン米大使館占拠事件がそうだし、米軍として第二次世界大戦後初めて240人を超える死者を出したベイルートでの海兵隊兵舎爆破事件（1983年）が典型的な例だ。

それがアメリカ本土を直接攻撃対象とするようになるのが、90年代、湾岸戦争以降である。9・11で完全に破壊された世界貿易センタービルは、実は1993年にも一度爆破されかけたことがあり、その時は地下駐車場が爆破されただけにとどまった。その時に犯人として逮捕されたのがクウェート人のラムズィ・ユースフとエジプト人イスラーム主義者、オマル・アブドゥッラフマーンだったが、このアブドゥッラフマーンの関与は、それまでの彼のエジプトでの活動と比較すると、対照的である。1981年に国外追放になるまでアブドゥッラフマーンがエジプト国内で精神的指導者を務めていた「イスラーム団」は、もっぱらエジプトの政府要人や国内の観光施設を攻撃対象としており、海外へ目を向けることはなかったからだ。

国内で、国内の「敵」を対象とする攻撃パターンから、海外、特にアメリカで事件を起こすパターンへ、という経路は、ビン・ラーディンと似ている。自らを取り巻く環境に不満を持ち、まずは自国で反政府活動を展開するが、あげく厳罰、国外追放が待っている。ここに、自分たちの活動が阻害されるのはアメリカという超大国が世界に君臨しているからだ、という発想が生まれるのだ。

ビン・ラーディンの思考のなかでは、アメリカはパレスチナでもサウディアラビアでも、イスラーム世界を侵食する敵であり、サウディに駐留する米軍は、「十字軍」である。奇《く》しくもブッシュ米大統領は、9・11事件直後にアルカーイダを標的とした際、自らを「十字軍」と呼んだ。こうしたところに、アメリカの「侵略者」性が浮かび上がる。イスラーム世界は欧米による迫害の犠牲者であり、犠牲者を救うために行動しなければならないと、ビン・ラーディンは考える。

彼の生涯についての著書のなかで、保坂氏はこうまとめている。「現代社会においてはムスリムたちが筆舌に尽くしがたい苦難を蒙《こうむ》っている。それらはすべてシオニスト（ユダヤ人＝イスラエル）・十字軍（キリスト教徒＝欧米）・連合およびその傀儡（サウジアラビア等）たちのしわざである。そしてその究極的な原因は、預言者ムハンマドが西暦632年にメッカで亡くなって以来最大の侵略行為である、アメリカの十字軍とその同盟者によるメッカおよびマディーナの占領に他ならないのだ」（新版『オサマ・ビンラディンの生涯と聖戦』）。

こうしてアルカーイダは、祖国を離れ浮遊する、グローバルなイスラーム武闘派ネットワークを確立した。こう見ればＩＳは、こうした「浮遊するグローバルなイスラーム武闘派ネットワーク」が、さらに「祖国」の樹立・運営を目指すという、発展パターンと考えられるかもしれない。アルカーイダが、アフガニスタンのターリバーン政権という既存の国家に寄生してグローバルな活動を展開したのに対して、ＩＳは浮遊するグローバルな武闘派を呼び寄せる、新しい「国家」の確立を目的としたからである。

ところで、ここで重要なのは、ビン・ラーディンや彼が率いるアルカーイダが、直接アメリカに対峙する前に、世界の超大国と戦ってきたという自負と自覚があることである。

その大国とは何か。ソ連である。ビン・ラーディンは、20歳代半ば以降、ソ連支配下のアフガニスタンに馳せ参じ、反共抵抗活動に身を投じていた。アルカーイダの誕生とビン・ラーディンの生涯を語るには、１９７９年のソ連軍のアフガニスタン侵攻が欠かせない。

## ソ連のアフガニスタン侵攻

１９７９年、冷戦下にある米ソ間の微妙な関係を一気に緊迫化させる出来事が起きた。年も押し詰まった12月、ソ連軍がアフガニスタンに軍事侵攻したのだ。前年に政権の座についたアフガニスタン人民民主党は、共産主義を掲げていたが、内紛や他の政党、反対勢力との対立関係などのため、極めて不安定な状況にあった。その人民民主党がソ連に支援をもとめたため、ソ連軍が介入したのである。

このことによって、アメリカは極めて厄介な状況に陥った。そもそも同じ年の２月には、もともと親米同盟国であったイランで革命が起き、11月には先鋭化した大学生たちがテヘランの米大使館を占拠していた。アメリカは80年4月にはイランと断交、以降現在に至るまで、米・イラン関係は国交がない。

そんな問題を抱えていたアメリカは、アフガニスタンのソ連軍に対して直接動くことができない。なにより、直接動けば核保有超大国どうしが直接対決する、冷戦の熱戦化へと発展しかねない。そこでとられた政策が、アフガニスタン周辺地域における親米諸国を頼って、アフガニスタンで反ソ連勢力を育てることであった。サウディアラビアが、その国際的なイスラームのネットワークと豊富な資金を活かして、アフガニスタン行きを望むイスラーム教徒を募り、集まったイスラーム義勇兵は、パキスタンの協力を得て軍事訓練を積み、立派な反共ゲリラ戦士に育ったのである。

そのなかに、ビン・ラーディンがいた。彼だけではない。ビン・ラーディンが２０１１年に殺害されたのち、アルカーイダの長となるエジプト人イスラーム主義者のアイマン・ザワーヒリーもまた、アフガニスタンでの反共闘争を率いた一人である。これらの義勇兵たちはアラブ・アフガンと呼ばれた。

だが、１９８９年2月、ソ連軍がアフガニスタンから撤退を開始すると、百戦錬磨の反共ゲリラ戦士としてのアラブ・アフガンの役割は終わった。終わったところから、アルカーイダとしての存在意義が新たに模索されるようになる。１９８９年8月にはアラブ・アフガン約３００人が結集したが、保坂氏によれば、それがアルカーイダの最初の会合だという。

こうして、アフガニスタンで戦闘の技術と、それを正当化するイスラーム思想を身に着けたアラブ・アフガンたちは、ソ連がいなくなっても似たような敵がいるところに、活躍の場を求めていった。ビン・ラーディンの師匠ともいうべきイスラーム法学者のアブドゥッラー・アッザームは、ソ連軍のアフガニスタン駐留について、ソ連という無信仰者たちがイスラーム世界を蹂躙《じゅうりん》している、アフガニスタンはソ連の犠牲者だ、という論陣を張っていた。同じように「無信仰者に蹂躙されている」地域は、世界にいくつもある。

当面は、多くのアラブ・アフガンたちは、１９９２年から始まったボスニア内戦に加わったり、アルジェリア内戦（１９９１―２００２年）で武装イスラーム勢力を率いたりしていた。ビン・ラーディン自身は、母国のサウディアラビアも、自らの財力を活かして投資していた先のスーダンも追われて以降、ソ連撤退後ますます内戦で混乱を極めていたアフガニスタンに舞い戻ることになった。

そして、ビン・ラーディンは、湾岸戦争を機に、「イスラーム世界を蹂躙する無信仰者」をアメリカに置き換えていったのである。かつてはソ連、今はアメリカを最大の敵と考えるアラブ・アフガンたちは、１９９６年に成立したアフガニスタンのターリバーン政権のもとで、アルカーイダとして勢力をつけていった。

## 短い戦争と泥沼の戦後

さて、話を2001年に戻そう。9・11事件後、ビン・ラーディンとアルカーイダに報復攻撃の照準を合わせたアメリカは、上述したように、わずか40日足らずでターリバーン政権の打倒に成功した。

この、意外に簡単にできた軍事力による政権交代が、ブッシュ政権に、イラクでも簡単にできるかも、と思わせたのだろう。だがアフガニスタンでもイラクでも、実際の戦闘期間は短かったが、その後の戦後処理に長い年月をかけざるを得ない結果となった。ブッシュ政権に続いたオバマ政権も、就任当時アフガニスタンからの米軍撤退を謳ったが、撤退どころかドローン（無人機）による攻撃を大幅にスケールアップするなど、その関与はますます深まっていった。

戦争自体は終わったのに、なぜアメリカはこの両国に関わり続けているのだろう。現地のアラブ人はしばしば、「アメリカは中東にプレゼンスを示したいためにわざと戦後の治安を悪くしているんだ」などと、陰謀論的なコメントをする。イラクとアフガニスタンが自立できないように、常にアメリカに依存せざるを得ないように、わざとちゃんとした

「戦後処理」を行わないのだ。第二次大戦後の日本やドイツにはあれだけ、ちゃんとした戦後復興を行ったのに、それだけの知恵と力がアメリカにはあるはずなのに、中東にはそれを使うつもりがない。そういう悪意が、アメリカにはあるのだ、と。

アメリカがイラクとアフガニスタンで被った人的、経済的コストの大きさを考えれば、そんなことはないのだが、中東諸国でそういった対米不信が広まったことは、事実である。９・１１事件は、アメリカを始めとする欧米諸国に、激しい嫌イスラーム意識、イスラーム教徒に対するヘイトを生んだが、反対にアフガニスタン戦争、イラク戦争は、中東、イスラーム社会に反米意識を生んだ。それは、上のような庶民レベルのたわいない陰謀論から、占領軍としての米兵を狙ったゲリラ攻撃、ひいてはビン・ラーディンやザルカーウィのような、アメリカに連座するすべての者をターゲットにした「テロ」まで、幅広い「反米」を引き起こしたのだ。それが、本書冒頭でも触れた「イラク戦争以降の世界のテロによる死者数の増加」につながっているのである。

ではなぜ、激しい反感を引き起こすことがわかっていながら、アメリカは、９・１１事件以降、中東に直接、軍事力でかかわるようになったのだろうか。いや、当初は激しい反感が生まれるとは思ってもいなかったのかもしれない。イラク戦争を始めたとき、米軍兵士の多くは、イラク人が花を持って米軍を迎えてくれるはずだ、と信じていたといわれる。

だが当時の米国務省内部の議論を見れば、フセイン政権を転覆させたあと誰に戦後のイラクを任せるか、多くの課題と懸念が指摘されている。なかでも、旧体制に関与した者、特に軍や治安部隊にどう対処するかが、最大の要注意点だった。だが、戦争が終わったあとは、そんな注意などどこかに吹き飛んでしまって、予想通りの反米ゲリラを生むことになってしまったのだ。

それを警戒しながらも、アメリカがイラクとアフガニスタンへの戦争に突き進んでいったのは、9・11がアメリカ社会に与えた衝撃の大きさがあろう。大統領選で接戦、しかも投票数集計ミスなどのスキャンダルを抱えて当選したG・W・ブッシュ大統領は、9・11で「テロの被害者」となったアメリカを一身に体現し、支持率を一気に5割前後から9割弱に高めることに成功した。その勢いにのって大統領は、圧倒的な支持を以て議会から「軍事力行使の権限」を付与されたのである。

**終わりのない戦争**

しかしブッシュ大統領が選択した戦争は、従来の戦争とは様相を異にしていた。9・11事件から9日後の2001年9月20日、ブッシュ大統領は全米国民にむけて議会で演説を行ったが、そこで彼は以下のように述べたのである。

「我々のテロに対する戦いはアルカーイダを相手に始まるが、そこで終わるわけではない。世界中のすべてのテロリスト集団を発見し、その行動を止めさせ、そして打倒するまで続く。……これからのアメリカの戦争はひとつの戦闘ではなく、これまで見たことのないような長い戦いになるだろう。……我々はテロリストの資金源を断って干上がらせ、互いに対立させ、あちこち逃げまどわざるをえないようにし、どこにも休息し避難する場所がないようにする。そしてテロリストを支援しこれに安息所を与えるような国をまた、我々は追い詰める。さあ、すべての地域のすべての国は、覚悟を決めなければならない。『お前たちは我々の側につくのか、それともテロリストの側につくのか』。これ以降、テロリズムを支援し続ける国を、アメリカは『敵対する政権』と見なす」。

アメリカは世界中のすべての「テロリスト」を追いかけて戦争をしてまわる、という宣言である。そして「テロリストをかくまっている」と見なされた国や組織は、自動的にアメリカの敵と見なされることとなった。これはアメリカがかつて体験したことのない戦争であり、「グローバルな対テロ戦争」と名付けられた。その1年後（2002年9月17日）に発表された「ブッシュ・ドクトリン」ではさらに、「アメリカは必要とあらば自国防衛のために予防的行動をとる」として、脅威に対して予防攻撃も辞さない、と述べている。

さらに重要なのは、そこにアメリカの「使命」が後押ししたことである。単にアメリカ一国にとっての脅威を取り除くだけではない、自由と民主主義を掲げる理想の世界を広げていくために、積極的な軍事介入が必要なのだ、という議論が前面に押し出された。そしてその自由と民主主義を推し進めるリーダーとしての役割こそが、アメリカの使命なのだ、と考える。

イラク戦争は、国連決議による承認を最後まで得られなかった。だが、こうした考えを持つブッシュ政権の「ネオコン」にしてみれば、実のところそのようなことはどうでもよかったに違いない。単独で介入してこそ、リーダーとしての使命があるからである。

20世紀のアメリカの対中東政策は、「水平線の彼方」政策と呼ばれた。地中海、あるいはインド洋上で中東情勢をつぶさに見守るものの、自ら直接乗り出していくことはしない、水平線の彼方で見張っている——。自分たちは表舞台には出ないが、シャー（皇帝）時代のイランや、その後のサウディアラビアとパキスタンに支えられた反共イスラーム義勇兵たちに、中東でのアメリカの利害を代弁してもらう。

それが、伝統的なアメリカの対中東政策だったのである。かつて直接中東地域を植民地支配し、その結果、反植民地運動に悩まされ、その鎮圧と間接統治のために国力を疲弊させたあげく、全面撤退せざるを得なくなった英仏の轍《てつ》を踏まないためだった。

ブッシュ政権が始めた対中東直接介入は、こうした従来の方針を一転させた。だが、その方針転換の影響は、予想を遥かに越えて深刻だった。なによりもまず、この介入で米軍がどれだけの被害を被ったか。イラク戦争以来のイラクでの米兵の死者数は２０１７年時点で４５００人を超え、アフガニスタンのそれは２４００人を超えた。

その被害の大きさが、再びアメリカを水平線の彼方に引き下がりたいという思いに導いた。ブッシュの後に大統領となったバラク・オバマは、「米国は、世界の警察官ではない」と明言したのである（２０１３年９月）。その方針は、「アメリカ・ファースト」を主張するトランプ大統領にも引き継がれた。オバマが躊躇したシリア空爆を行うなど、すぐ軍事手段に依存するトランプ政権ではあるが、アメリカの利にならない軍事行動はとらないとするトランプの政策には、ブッシュ政権時代のネオコンが始めた「軍事力による民主化の強要」という発想は、ない。

９・１１は、アメリカの外交・安全保障政策を、最初は過剰介入の方向に、次には自国ファーストの方向に、二度にわたってぐるりと大転換させる結果を生んだのである。

## 広がる嫌イスラーム意識と反米意識

ブッシュ政権下でのアメリカの「グローバルな対テロ戦争」への転換は、上述したようにアメリカにも大きな変化と被害を与えたが、それ以上にその攻撃対象となる中東諸国に与えた衝撃は、甚大だった。少しでもアメリカに「テロリスト支援」「非民主的」と疑われて、軍事力を以て政権を倒されたらかなわない。そう考えた中東諸国の諸政権は、あわてて形式的な民主化や軍備縮小を行った。歯に衣着せぬ反米言動で有名なリビアのムアンマル・カダフィ大佐は、イラク戦争を目撃して早々に核廃棄方針に舵を切ったし、ペルシア湾岸の君主政諸国は、部分的ではあるが議会や選挙制度の導入を進めた。

一方で、9・11以降世界を席巻する対イスラーム不信、敵視のなかで、イスラーム教徒たちは肩身の狭い思いをしていた。アメリカでは9・11を契機に、イスラーム教徒に対するヘイト犯罪の件数が劇的に増加、1990年代後半には年あたりせいぜい30件弱だったのが、2001年には481件、その後も2014年までの間100〜150件程度の犯罪が報告された。2015年には200件弱と、再び増加している。2005年のロンドンの地下鉄・バス爆破事件では、警官が犯人と間違えてブラジル人を射殺した事件も起きた。イスラーム教徒的な「見た目」で疑われる人種差別的な兆候は、近年のアメリカでの黒人に対する差別的待遇を巡る問題にも密接につながっている。

自分たちが日常暮らすイスラーム世界から一歩外に出ればもちろんのこと、メディア上でもこうしたイスラーム差別が伝わってくる。そのことに対する鬱屈、反発は、ますます世界のラスボス的様相を強めるアメリカに向けられた。「イスラーム教徒」であることは

アルジャズィーラが放映した、米国同時多発テロ実行犯が「遺言」として残した映像（提供：共同通信社）

自動的に欧米の差別の「犠牲者」となることとなのだ、という被害者意識はますます深く、広くイスラーム社会に広がっていく。

ちょうどその頃、中東社会に急速に普及したのが、インターネットや衛星放送である。中東の報道メディアといえば、90年代半ばまで強権的政権のもとで国営放送、党機関紙しかないのが当たり前だったが、その状況を大きく変質させたのは、1996年にカタールに設立された衛星放送アルジャズィーラだった。

アルジャズィーラが生まれる5年前、湾岸戦争時にCNNやBBCが生々しい戦争映像を同時中継するのに多くの中東の人々が釘付けになっていたが、そこから教訓を得たのが、そのBBCに働いていたアラブ人ジャーナリストたちだった。CNNやBBCが「アメリカのアラブ人への攻撃」を放映するのを見ているくらいなら、我々アラブ人が放映する戦争や占領を見せたほうがいいのではないか。こうして、アラブ人が作るアラビア語の衛星放送が、90年代半ばに次々に設立されたのである。

同時に、中東でのインターネット普及率は年々増加していった。そのことが、次章で触れる「アラブの春」での民衆の街頭行動を促したわけだが、イラク戦争直後のアラビア語による衛星放送やインターネットが伝え続けたのは、イラク戦争による破壊とアメリカの非道だった。それまで遠く離れてイスラエルの背後で画策しているだけだったラスボス、アメリカが、とうとうイラクやアフガニスタン、イエメンまで出張ってきて「テロに対する戦い」を展開している。そして日常生活の映像に、戦場でのラスボスの猛威が流れ込んでくる。ここに、遠い敵だったアメリカが、いきなり近い敵として中東の反米勢力の眼前に現れたのだ。

こうして、ラスボスを倒しに、２００３年以来、反米武装勢力がイラクに流れ込んだ。ＩＳができてからは、ＩＳに流れ込む。なにせ、これまでテレビを見ながら悪態をついていればよかった相手が、ちょっと行けばやっつけられるところにいるのだから。そして、そのアメリカを支援し庇護《ひご》している地元の政府や政党も、ラスボスの手先、やっつける対象となる。保坂氏は、これを「グローカルなジハード主義」と呼ぶ。

ビン・ラーディンが遠いアメリカを相手に戦いを仕掛けたとき、筆者はそれを「理念」だけでつながった、現地社会から遊離した「はた迷惑な空中戦」だった、と指摘したことがある（拙著『中東から世界が見える』）。同じイスラーム主義を掲げて武装闘争を繰り広げているパレスチナのハマースや、レバノンのヒズブッラーがイスラエルに対して戦うのは、「自分たちの社会を占領している」敵と戦う「地上戦」だ。アルカーイダは、こうした勢力とは、決定的に異なっているのである。

では、アルカーイダからザルカーウィ、ＩＳへとイスラーム武闘派が日常世界から浮遊し、グローバル化していく一方で、現実社会に生きる人々はどうしていたのだろうか。21世紀に入って以降ずっと、ラスボスにもラスボスの手下にも歯が立たないと、静かに屈従の日々を送るしかなかったのだろうか。だが、ビン・ラーディンが米軍に殺害された２０１１年５月には、奇しくも各地のアラブ諸国に政権打倒の大波が押し寄せていた。ビン・ラーディンの死と「アラブの春」と呼ばれた民衆パワーの爆発——。この奇妙な一致は、時代の何かを象徴していたのだろうか。

# 第4章

# アラブの春

## (2011年)

若者たちの不満は一方でテロを生み、
もう一方で民主化運動を引き起こした。
だが、彼らの反政府運動によって、
シリアは内戦状態となる。

2011年3月11日、ムバーラク政権転覆後、新たなエジプト社会を模索する過程で行われた、キリスト教徒・イスラーム教徒間の宥和を呼びかける集会(撮影:大稔哲也氏)

イラク戦争以来、中東のあちこちで展開される「対テロ戦争」、それが巻き起こすアメリカや国際社会に対する不信感と、それらに起因した過激な暴力——。そんな悪循環が蔓延するなか、中東社会は暗いムードに包まれていた。戦争とテロのはざまでなにもできない無力感、自国の政府の「改革」や「民主化」はアメリカ向けのリップサービスばかり。そもそも、経済はよくならないし、大学を出ても就職先がない。

そんな鬱屈が、暴力やテロにはけ口を見つけるのではなく、別の大きなうねりを作る事件が、2010年末から11年にかけて、アラブ諸国の各地で起きた。「アラブの春」と呼ばれる民衆運動が、それである。

### それはチュニジアで始まった

きっかけとなったのは、2010年12月17日、チュニジアの地方都市での出来事だった。路上で出店を営んでいた青年、ムハンマド・ブーアズィーズィーが、それが違法行為であることを警官にとがめられ、それを苦に焼身自殺した。基本的に、人間の体は神から与えられたものでありこれを傷つけてはならない、とするイスラームでは、自殺は厳禁である。しかもその「神からいただいた体」を激しく損傷させる焼死は、なかでも最も忌避される死に方である。

それをあえて実行した、ということに、人々は青年の怒りと悔しさの深さを見た。そして、共感した。仕事もなく、収入も十分ではなく、昇進もできず、その結果結婚もできない。そんな悩みを抱える若者は、国中にいたからである。そしてそのような失政を正すことなく、一族で政治権力を長く牛耳り続けているチュニジアのゼイン・アルアービディーン・ベン・アリー大統領に対する不満もまた、皆が共有するところだった。

ブーアズィーズィーの死をきっかけにして、人々は路上に繰り出し抗議デモを始めた。最初は彼が生まれた中部の町スィーディ・ブーゼイドで始まり、瞬く間に全国に広がった。集まった民衆は皆素手で、老若男女、市井のさまざまな人々が集まった。なかには、フランスパンを銃に見立てて、警備にあたる軍や治安部隊に突きつけるといった、「非暴力」パフォーマンスをする人もいた。

しかし、このデモは、ただの「パンよこせ」デモでは終わらなかった。デモ隊は、こう叫び始めたのである。「民衆は、政権転覆を望む！」この有名なスローガンは、その後「アラブの春」が起きたすべての国で、合言葉のように叫び継がれるようになる。

突然の全国的反政府デモに動転したベン・アリーは、２０１１年１月14日、サウディアラビアへと亡命を余儀なくされた。23年間続いた長期独裁政権は、突然終焉を迎えたのだ。

このことは、ほぼすべてのアラブ諸国の民衆に、激しい衝撃を与えた。過去何年、何十年にもわたり、倒そうと思っても倒れることのなかった強大な独裁政権が、素手の民が路上でデモを繰り広げただけで、倒れたのである。これまで革命派集団や武装グループが暴力に訴えて統治者を殺害するか、超大国アメリカが戦争によって徹底的な軍事攻撃を加えることでしか、実現することのなかった「政権転覆」が、路上で人々が繰り返し叫ぶことで実現したのである。これは快挙だった。

アラブ諸国のほとんどでは、政権にあるものたちが強大な権力を独占的に掌握し、長期政権を維持してきた。戦争で政権を倒されたイラクを除けば、チュニジア、エジプト、シリア、リビアなど、アラブ民族主義に出発点を持つ軍事政権のほとんどが、10年から40年の長期政権である。しかもその多くが、共和政にもかかわらず、後継者には息子が選ばれ、要職には一族郎党かその側近がついていた。シリア研究者の青山弘之氏は、こうした体制のことをアラビア語で「ジュムルキーヤ」、つまり王政みたいな共和政と呼んでいる。

共和政ですらそうなのだから、王政・首長政では政権の一族支配は当たり前だった。なので、長期政権が民の声によって倒されるというチュニジアの事件は、共和政、王政にかかわらず、すべての国の民に希望の光を与えた。と同時に、すべての国の支配者に、底知れぬ恐怖を与えたのである。

## エジプト「革命」

チュニジアの出来事に最も触発されて、より大規模な行動に出たのが、エジプトの民衆だった。「民衆は、政権転覆を望む！」のスローガンと並行して叫ばれた言葉が、「頭をあげろ、おまえはエジプト人じゃないか」である。戦争とテロと強権政治と国際社会の冷たいイスラーム蔑視のなかで、鬱屈して何もできない、情けない輩であることから、抜け出したい。「ひとかどの人物」になれる自信を、テロや暴力といった方法ではなく、この手につかみたい——。政府批判もさることながら、チュニジアでの「革命」がエジプト人たちに伝えたことは、そんな「自己解放」への模索だったといえよう。

チュニジア大統領の亡命から11日後の２０１１年1月25日、カイロのタハリール広場で初めて大規模な反政府デモ・集会が組織された。タハリール広場は、エジプト考古学博物館やムガンマアと呼ばれる政府庁舎などに面した、カイロのど真ん中にある中心街である。当時はカイロ・アメリカン大学のキャンパスがあって学生街でもあり、老舗のカフェや商店街に続く目抜き通りがある。ナイル川沿いにはヒルトンホテルなど最高級のホテルが立ち並び、川には豪華な船上レストランが浮かぶ。それを見ながら、庶民は広場に店を構えたコシャリ屋やタアメイヤ売り（いずれもエジプトの大衆料理）で買い食いをして、広場や橋をぶらぶらするのが、日常だ。

そんな場所なので、自然と人が集まってくる。25日のデモで8万人程度が集まったとされるが、その後デモと座り込みは連日続けられ、2月1日には百万近くの人々が集まったといわれる。ただ寝泊まりする者、歌を歌う者、抵抗活動の姿を映像に残す者。まさに「ひとかどの人物」かどうか、デモという他人の集まりを前に自らの能力をプレゼンする、若者にとって最高の自己啓発の場でもあった。

フスニー・ムバーラク

そんななかには、のちに若手映画監督として優れた作品を次々に発表するアフマド・アブダッラー監督もいた。2017年に日本でも上映された彼の作品『敷物と掛布』は、広場に集まりデモに参加し、警察と衝突しながら仲間を助けようとする青年を描きながら、エジプト社会が抱える宗教間の対立を鋭く突く。エジプト映画というと歌って踊ってのインド風娯楽作品が多いのだが、この作品はそんなエジプト映画の伝統とはかけ離れた、まさにエジプト版アールヌーヴォーである。

さて、デモが広がるにつれて、エジプト官憲側の弾圧も激しくなっていった。2月初めには激しい衝突で多くの流血があり、緊張が高まるなか、ムバーラク政権を支えてきたエジプト国軍が、フスニー・ムバーラク大統領に見切りをつけた。2月11日、連日のように続いていた大統領退陣を求めるタハリール広場のデモのさなかに、ムバーラク辞任の報が飛び込んできた。ここにアラブの盟主、域内大国エジプトの、1952年以来の軍事政権に終止符が打たれたのである。エジプトでは、これを「1月25日革命」と呼ぶ。それを支えた「革命」勢力は、右でも左でもない普通の若者であり、デモに参加するまでは変哲もないノンポリの人々だった。軍事独裁から解放された喜びに、国中が沸いた。

だが、その解放感は長く続かなかった。後述するが、その2年後には再び、軍事政権が舞い戻ってくるのである。

## 各地に広がった反政府運動

チュニジアからエジプトに続いた民衆による政権転覆への試みは、瞬く間に他のアラブ諸国にも広がった。その「市民革命」的様相から、一連の出来事を目撃した欧米のメディアや知識人は、これを「アラブの春」と呼んだ。かつて社会主義体制から自由化を求めた東欧諸国の改革運動、「プラハの春」(1968年)になぞらえたものだ。

アラブ諸国で似たような民衆デモが起きなかったのは、カタールとUAEだけだったといわれている。それ以外の国では、規模の大小は別にしても、なんらかの影響があった。

そして小さくても組織されたデモや集会では、チュニジアやエジプトでシンボルになった拳のマークや、「怒りの日」「尊厳の日」といったネーミングが共有された。デモ参加者たちは、ツイッターやフェイスブックなどを使い、写真や動画付きで刻々と自分たちの運動を世界中に発信し、それはアラブ世界を越えて広がった。ニューヨークのオキュパイ運動ははっきりと、カイロの運動に触発されたことを謳っているし、香港の雨傘運動や台湾のひまわり運動など、民衆が路上に出て、素手で体制に立ち向かう運動は、２０１０年代の市民運動の象徴ともなった。

だが、チュニジアやエジプトに続いて比較的スムーズに政権交代が実現された例は、アラブ世界では少ない。ヨルダンやモロッコ、アルジェリアなどでは政府による改革案や妥協が提示されて活動が終息したし、バハレーンでは政府側の容赦ない鎮圧で反政府側の敗北に終わった。

なかでも複雑な経緯をたどったのが、リビアだろう。42年間、カダフィ大佐のもとで特異な独裁体制を取り続けてきたリビアでも、エジプトでムバーラク政権が倒れた直後から反政府活動が活発化した。だが、チュニジアやエジプトに比較しても、カダフィの権力独占の度合いは格段に大きい。それだけ簡単には倒れない体制である。当然、衝突の期間も長くなり、戦いも激しさを増した。チュニジアやエジプトでの政権転覆の特徴は、体制側との衝突にさほど多くの死傷者を出さなかったことが挙げられるが（エジプトでは「革命」の開始からムバーラク退陣までの間に死者846人を出した）、リビアでは8ヵ月の「内戦」のなかで、6000人強の死者を出したのである（武力紛争データプロジェクト〈ACLED〉による）。

これに対して、EUを中心とする国際社会は迅速に動き、リビアの反政府勢力の後押しをする決断をした。

## リビアの失敗

チュニジアやエジプトでの民衆抗議運動がなぜ成功したか、その要因のひとつに、外国勢力の介入がなかったという点が挙げられる。チュニジアの場合は、あまりにもあれよあれよという間だったので、国際社会もどう対応していいのか、困惑して事態を見守るしかなかった。エジプトでムバーラク政権の存続が危うくなったとき、1970年代以来長年の同盟国だったエジプトに対して、アメリカがどうするか世界の注目が集まったが、オバマ政権はむしろ「アラブの春」の「民主化」志向を評価する態度をとった。それでも、直接何か手を下すことはなかったのである。

だが、リビアに関しては、フランスやイタリアが中心になって反カダフィに動いた。当時はカダフィ政権側を支持するものが、国際社会はむろんのこと中東域内でも皆無だった

ムアンマル・カダフィ

からである。通常欧米諸国の軍事介入を徹底的に嫌うアラブ連盟が、リビアに関しては全員一致でカダフィ政権の終焉を求めた。

アメリカの単独行動となったイラク戦争は別にしても、国際社会は90年代以来、ボスニアやコソヴォ、ソマリアなどで、「人道的介入」と称して軍事介入を行ってきた。だが、いずれもうまくいかないケースが多かった。

それに対して、リビアのカダフィ政権はまれに見る、世界が一致して反対する例であり、国際社会としては、政権と戦うものたちに対して「保護する責任」を果たすのに最善の例だと考えたのである。２０１１年2月25日、反体制派が暫定政権の設立を宣言すると、国連は翌日リビアに対する経済制裁を決定し、3月17日には多国籍軍による武力行使を容認する安保理決議が採択された。これを受けて英仏軍が海上封鎖を実施、リビアへの空爆を開始したのである。その後3月末にはＮＡＴＯ（北大西洋条約機構）に指揮権を移して、欧米の対リビア軍事介入は約半年間続いた。

こうした経緯を経て、カダフィ政権は8月27日、ようやく倒れた。首都トリポリが陥落したのである。その2ヵ月後には、カダフィが反政府派に見つかり、殺害された。この結末は、とりあえず前政権の長を生かしたままにしておいたチュニジアとエジプトの例と、大きくかけ離れている。

英仏軍が介入を開始したとき、戦況はちょうどカダフィ派が巻き返して反政府側の鎮圧にかかっていたところだったので、欧米の介入がなかったらカダフィ政権は倒れなかっただろう。外国の力を借りてでないと前政権を倒せなかった、ということは、新たに成立した政権も外国の力を頼りにせざるを得ないことを意味する。イラク戦争の後の政権が、アメリカやイランなど外国頼みとなり、その結果国内の地場勢力をコントロールしきれなかったという前例が、想起される。

その結果、カダフィ後のリビアの政局は混乱を極めた。特に歴史的に東西で異なる文化圏を持つことから、各地の地元勢力が群雄割拠する結果となった。そのことがのちに、ISに類似したさまざまな武装勢力の拠点化や、エジプトやUAEなどによる代理戦争状態を生むことになるのだ。

## アサド政権のシリア

「アラブの春」が起きたとき、大方の予想は「シリアでは反政府デモは起きない」と見ていた。シリアのアサド体制は、チュニジアやエジプトはもちろん、リビアに比較しても圧倒的な盤石性を持つ、長期の一党独裁体制だったからである。1963年にバアス党政権が成立し、71年に現大統領の父ハーフィズ・アサドが政権を担って以降、過去に反政府活動はあってもいずれも政権を揺るがすようなことはわずかの例しかなく、基本的に安定した政権だった。

過去30年以上の間で唯一、アサド政権に鋭くノーが突きつけられたのは、国内からではなく隣国のレバノンからだった。レバノンは歴史的に隣の地域大国シリアと密接な関係を有してきたが、レバノン内戦（1975―90年）の後、15年間にわたってシリア軍が国内に常駐し、シリアが実質的にレバノンの治安を守ってきた。

だがそのことは、親シリア派のヒズブッラーの行動を含め、レバノン内政にシリアが大きく口を出すことを意味する。2005年2月14日に起きたラフィーク・ハリーリ・レバノン元首相の爆殺事件は、ヒズブッラー、そしてその背後にあるシリアの関与が噂され、一気にレバノン国内に反シリアムードが高まった。その直後から、反シリア派が繰り広げるデモや抗議集会がベイルートの中心部で定期的に開催され、4月にシリア軍のレバノンからの撤退を導いたのである。これは「杉の木革命」（杉はレバノンの象徴）と呼ばれ、民衆の手による「下からの」民主化運動として、のちに「アラブの春」の前身とみなされるようになった。

一方、シリア国内で「民主化」の兆候があったとすれば、「上からの」民主化だった。父親のハーフィズ・アサドは2000年に死去し、息子のバッシャールが後を継いだのだが、彼は当初政治には興味がなく、イギリスで教育を受け眼科医として開業していた。だからというわけではないだろうが、バッシャールが大統領に就任した際は、「上からの」民主化を進める方針を打ち出し（ダマスカスの春）、政治犯の釈放などを行った。むろん、それが反政府派を満足させるほどに十分だったわけではないが、それでも、盤石なアサド体制のシリアで期待できる政治的自由化といったら、その程度のことだろうと、シリア国民も国際社会も思っていただろう。

バッシャール・アサド

だからこそ、チュニジアやエジプトで政権が転覆しても、「アラブの春」がシリアに及ぶことはないだろうと、大方のウォッチャーは考えていた。だが、南部の国境の町、ダラアで起きた小さな事件が、思わぬ波及を生んだ。2011年3月、ダラアで壁に政府批判の言葉を落書きした子供たちが逮捕され、拷問を受けたのである。この事件が国内外に広く伝わり、各地で政府批判のデモが繰り広げられた。

アサド政権は、3月末から4月前半にかけて、従来通りの「上からの改革」でこれに対処しようとした。内閣を総辞職させ、１９６０年代以来続いている戒厳令を解除し、国家最高治安裁判所を廃止するなどの改革を打ち出したのである。

だが、反政府派の動きは収まらなかった。「アラブの春」特有の高揚感もあっただろう。政権側の鎮圧行動が、従来になく、容赦なく残虐だったことが反政府派の反感に火を点けたということもあろう。それでも、過去数十年間、強力な支配力を誇り、効率的に反対派をつぶしてきたアサド政権が、エジプトやチュニジアのように簡単に倒せるとは、立ち上がった者たちにも到底思えなかったはずだ。

ではなぜ、倒せる見込みが十分ではないのに反政府側は戦い続けているのか。反対に、アサド政権側はなぜ簡単にデモを制圧することができなかったのか。なぜ「内戦」と呼ばれるほどに混迷した状況がシリアに生まれてしまったのか。

## シリア内戦の不幸

シリア「内戦」が長期化した原因には、２つの要因がある。第一には、国内で広く民衆の意思を代表できる勢力が反政府側にいなかったこと、第二には「内戦」に関連して周辺国や欧米諸国が、ご都合主義的に介入したりしなかったりの態度を取ったことである。

この状況もまた、イラク戦争前のイラクによく似ている。イラクでも、政権の統制、監視があまりにも厳しかったので、大半の反体制派は海外に逃げざるをえなかった。海外に逃げた時点で、国内の支持基盤とは隔絶されることになる。独裁政権のもとでなんとかかんとかやりくりしている国民と、海外にいる「亡命組」との間には、埋めがたい乖離《かいり》、消しがたい相互不信が生まれることは、第2章で見た通りだ。

１９９０年代、イギリスにいる亡命イラク人のもとに、家族がイラク国内から訪ねてきたところに遭遇したことがある。亡命者某は家族をなじる。「なぜお前たちは現政権に戦う覚悟で反対の声を挙げないんだ？」家族は憤《いきどお》る。「海外で安穏と暮らしているお前に何がわかる！　立ち上がって殺されるのは俺たちなんだぞ！」。

そうして、亡命者たちは国際社会、特に欧米の軍事力にすがるようになる。イラク戦争前にアメリカで開催された会議で、ある亡命イラク政治家は、言った。「サッダーム・フセインは超ど級の独裁なんだ。自分たちでどうにかできるものではない。だからアメリカに倒してもらわないと」。同席した米ＣＩＡ（中央情報局）職員も、これには苦笑するしかなかった。

亡命反体制派の甘言《かんげん》に乗ってアメリカが軍事介入してもいいことはない、と証明したのが、イラク戦争だった。だからイラク戦争後、アメリカは外国への介入に、「羹《あつもの》に懲りて膾《なます》を吹く」状態になってしまった。しかし、西欧諸国では、リビアでの「保護する責任」を掲げた軍事介入の（一見した）成功で、再び「人道的介入」の意義が見直されることにもなった（もっともリビアはその後破綻したので、やっぱり成功ではなかったとわかったのだが）。

そうしたところに、シリア内戦である。上のような経緯を踏まえて、国際社会は、介入するのかしないのかどっちつかずとなった。人道支援で介入するのか、それともアルカーイダやＩＳなどの欧米にとっての脅威を排除するためだけに介入するのか。本来の目的がなんだかわからない、中途半端な介入姿勢が生じた。それがシリア内戦の悲劇である。

リビアでの「保護する責任」の流れを汲んで、ＥＵは２０１１年５月には対シリア経済制裁を決定した。だが、その後繰り返し国連安保理でのアサド政権批判や制裁が図られたが決議には至らず、またアメリカやアラブ湾岸諸国などがシリアの大使館を閉鎖するなど、外交的な手段は取られたが、具体的な軍事行動は実行されなかった。形式的には「アサド政権の非人道性」を糾弾するものの、腰が引けた曖昧な姿勢であった。

その腰の引け具合をよく表したのが、２０１３年８月の、アサド政権による化学兵器使用疑惑である。もともとオバマ政権は、「アサド政権が化学兵器を使ったら一線を越えたと見なす」と述べていた。それが４月頃から化学兵器が使用されたとの報告が挙げられるようになり、8月にはダマスカス郊外で1500人近くが化学兵器で殺害されたと報じられると、オバマ政権は英とともに軍事行動やむなしとの方向で動き始めた。

だが、米英ともに、やりたくないとの気持ちが見え見えだった。中途半端に介入して煮え湯を飲まされるはめになったイラク戦争の記憶は、両国ともにまざまざと残っている。デーヴィッド・キャメロン英首相は議会に承認を得ようとしたが、却下された。上院に承認を求めたオバマ米大統領は、まだ審議途中だったにもかかわらず、ロシアが仲介案を提案すると、これに乗って武力攻撃を断念した。人道面を強調するオバマ政権としては、化学兵器の使用が見過ごせなかったのであろうが、現実には拳を振り上げながらもどう下ろしていいのか、途方にくれていたともいえよう。

その欧米諸国が、一転して軍事介入に積極的になったのが、前述したＩＳの登場である。ＩＳがイラクに進出して初めて、アメリカはこれを軍事的に叩く決意をする。その流れで、ＩＳが拠点とするシリアにも空爆を開始した。2014年9月のことだ。

ここに欧米の最大の矛盾がある。ＩＳは、明らかに欧米諸国にとって排除しなければならない脅威だった。だがシリア内戦の文脈では、ＩＳを始めとしたイスラーム武装勢力は、いずれも反アサド側で活動していた。アサド政権の非人道性を糾弾しながら、反アサド側のＩＳを叩く。欧米諸国は、なんとか「アサド政権でもイスラーム武装勢力でもない」支援対象を探すことになる。

だが、そのようなものは、存在しないのだ。反政府派がどこで武装勢力とつながっているか、わからない。こうした状況を、アメリカはイラクでも経験したはずだ。湾岸戦争からイラク戦争にかけて、アメリカはイラク国内で親米の役割を果たしてくれる反体制組織を探したがみつからなかった。みつからないのにイラクで政権を倒す決断をしてしまい、結局戦後のイラクが混乱に陥り、米軍がほうほうのていで退却することになったのである。

それと同じことを、アメリカはシリアでも行った。その結果、政府側、反政府側の勝敗がつかないまま、2016年までに47万人のシリア人が死亡し、国民の半数弱が家を追われ、そのうち4割が海外に逃れることとなった（シリア政策研究センター）。国連は、これを第二次世界大戦以来、パレスチナ難民に次ぐ最大の難民問題として、警鐘《けいしょう》をならしている。

## 「春」後の権力抗争――エジプト

鎮圧されたバハレーンや、政権が倒れても倒れなくても国内が戦乱状態に陥ってしまったリビアやシリアだけが、「アラブの春」の不幸な例ではない。2013年7月にエジプトで起きた軍事クーデタは、2011年の「革命」があれだけの歓喜、あれだけの解放感に溢れていたのを、一気に萎《しぼ》ませる結果となった。ムバーラク退陣のあと、国民議会選挙、大統領選挙と順調に「民主化」を進めてきたエジプトで、圧倒的な支持を受けて成立したムスリム同胞団を率いるムハンマド・ムルスィー政権が、「革命」を推進したその同じ民衆による、同じタハリール広場でのデモによって退陣を求められ、かつてムバーラク政権を支えた国軍によって、引きずり下ろされたのである。

ムバーラクが退陣したエジプトでは、「1月25日革命」発生1週間後にはムバーラクに見切りをつけていた国軍が、政権交代後のキープレイヤーであることは誰の目にも明らかだった。もし国軍がムバーラク側について、デモ隊を徹底的に弾圧していれば、政権交代は不可能だっただろう。そのことは、その後のリビア、シリアで起きたことを見ればよくわかる。

そのため、ムバーラク退陣から1年4ヵ月の間は、国軍が構成する軍最高評議会（SCAF）が国政を担った。真っ当な選挙で選ばれたとは言えないムバーラク政権時代の議会を解散し、憲法を停止し、民主化を進めるとした。とはいえ、ムバーラク政権やそれ以前のアラブ民族主義政権のもとで特権層でもあった軍が、自らの利にならない変革を行うはずもない。本格的な民主化を進めようと逸《はや》る「革命」勢力とは、そもそも向いていた方向が違っていた。

ところで、「革命」勢力は、どういう新政権を作っていきたかったのか。

「アラブの春」の最大の弱点が、デモ参加者たちの間で次政権についての共通認識がなかったことである。彼らは、つい数日前まで、普通のノンポリだった若者たちだ。政治や政党づくりなど考えたこともなかった。民主化の制度構築をどうするか、方向性を打ち出すにはまだまだ時間がかかりそうだった。

反対に、政治参加にやる気満々だった勢力がいた。1952年以降続いてきた軍事政権のもとで、長年弾圧され政治参加を許されてこなかった、非合法の最大野党、ムスリム同胞団である。

ムスリム同胞団とは、1928年にエジプトで成立した最老舗のイスラーム主義団体である。前述したように、カリフ制が廃止され、中東諸国が雪崩を打って西欧近代化路線を歩み始めた第一次大戦後、イスラームに基づいた統治を訴えた最初のイスラーム主義団体で、宗派に関わりなくイスラーム世界全体に大きな影響を与えた。パレスチナでイスラエルと真っ向から戦っているイスラーム主義組織のハマースは、もともとエジプトの同胞団に影響を受けてできた同胞団パレスチナ支部だった。シーア派のダアワ党も、50年代には加入できる組織がなかったので同胞団に加わり、スンナ派とともに活動していた。

創立者はハサン・バンナーという市井の教師で、宗教教育を受けた宗教界の中心から生まれた組織ではないことも、平信徒、つまり普通の人々を惹き付ける要素だった。それだけに、世俗主義を掲げるアラブ民族主義政権は、同胞団の活動を警戒した。

政府の弾圧に呼応して、同胞団もまた、激しい武装闘争を繰り広げたり、その思想を過激化させたりした時期もあった。だが、70年代後半以降、エジプトの同胞団の主流派は、基本的に穏健路線をとり、政治活動よりむしろ社会活動に力点を置いた。組織としての政治活動は認められなかったが、政府主導の翼賛的議会の選挙にも無所属候補として同胞団系の議員を輩出したり、組合運動や学生組織などの幹部を掌握したりしながら、政府ににらまれないように慎重に、影響力を強めていたのである。

なので、「1月25日革命」が始まっても、当初同胞団はメンバーに、デモに参加しないように指示していた。政府の弾圧の怖さを熟知する同胞団である。うっかり反政府側に入って、いらぬ嫌疑をかけられてはいけない。だが、「革命」側が民衆の支持を獲得していくと、同胞団のなかにも上の指示を離れてデモに参加するものもいた。同胞団の堅固な組織を利用して、流血沙汰のなかで右往左往するデモ隊を助ける一面もあった。

そして、ムバーラク政権が倒れたとなると、即座に政権掌握に向けて着実な動きを始める。これまで培ってきた民衆とのパイプ、貧困層への社会的影響力を十二分に活かして、選挙になれば確実に勝利できると踏んでいた。実際、ムバーラク政権期でも、２００５年、イラク戦争後の国際社会からの「民主化」圧力もあって多少自由な選挙が実施されたが、その際同胞団系議員は大幅に議席を伸ばしていたのである。

ムバーラク後のエジプト政治をどう進めていくか、軍とムスリム同胞団はその方向性を異にした。軍は既得権益を守りたい。同胞団は、早く選挙を実施して政権を獲得したい。だが、「革命」後しばらくはその異を承知で、両者はタッグを組んでいった。

## ムスリム同胞団の栄枯盛衰

ムバーラクが退陣するとすぐ、ムスリム同胞団は選挙をにらんで「自由公正党」を結党した。そして自派に有利な選挙法を確定させたうえで、2011年11月末からの議会選挙に臨んだ。選挙は1ヵ月にもわたり、36もの政党が参加する、初めての実質的な複数政党制が実現した選挙となった。その結果は自由公正党が全議席の47%を獲得して第一党となり、続いてヌール党というイスラーム主義政党が25%を獲得して第二党となった。

ヌール党は、サラフィー主義者が結成した政党である。サラフィー主義とは、預言者ムハンマドとその「純粋な」後継者たちを模範とすべしと考えるイスラーム厳格派だが、この選挙で政界入りしたことは、周囲を驚かせた。これまでエジプトのサラフィー主義者は、その信仰第一との考え方ゆえに、むしろ政治から自らを遠ざける姿勢を取ってきたからである。

同胞団とサラフィー主義では、その宗教と政治の関係について政策は大きく異なるが、それでも「革命」後の最初の選挙でイスラームを掲げた政党が議席の4分の3を確保したことは、イスラーム主義政党の急激な政治的台頭を、まざまざと見せつけることとなった。続いて2012年6月に実施された大統領選挙では、決選投票までもつれ込んだとはいえ、自由公正党党首のムハンマド・ムルスィーが勝利し、議会も大統領もムスリム同胞団が掌握する結果となったのである。

こうして、「アラブの春」は、イスラーム主義政党を合法的に政権党に押し上げた。このことは、エジプトに限ったことではない。チュニジアでも、2011年10月に実施された選挙では、穏健なイスラーム主義政党のナフダ（覚醒）党が、議席の3分の1以上を獲得して第一党となった。リビアでは世俗派の国民勢力連合が第一党を占めたが、ムスリム同胞団系の公正建設党がそれに続く議席を確保した。

モロッコでは、「アラブの春」で体制、すなわち王政は倒れなかったが、その影響をうけて国王の権限が縮小され、民主化が進められた。その流れで実施された2011年の選挙で、イスラーム主義政党の「公正と発展」党が第一党となり、現在に至るまで二期にわたり与党の地位を維持している。アラブではないが、「アラブの春」に先んじて2002年以来トルコで政権を維持している公正発展党（AKP）は、ムスリム同胞団に近い穏健

ムバーラク政権打倒後もムルスィー政権下で民主化、自由化を求める若者の運動は続いていた。壁の落書き絵は、そうした活動のなかで命を落とした若者の遺影（撮影：著者）

なイスラーム主義政党であり、エジプトのムルスィー政権など、アラブ諸国のムスリム同胞団に協力を惜しまない。

　イスラーム主義政党たるムスリム同胞団の、合法的な台頭にいら立ちを隠せなかったのが、「革命」を実際に推進したノンポリの若者たち、そして権益保持を第一と考える軍であった。大統領選で軍の支持を得た対立候補に僅差で勝利したムルスィーだったが、その後専横が目立つようになる。政権成立後、経済面など目に見える成果を上げられないうえに、同胞団に有利な人事政策やイスラーム化政策ばかりを優先させるやり方に、世俗派の反発も高まった。その結果、政権成立１周年にあたる２０１３年６月30日に向けて、反ムルスィー派の若者たちがタハリール広場に結集し、ムルスィー退陣を要求したのである。

　この反ムルスィー集会の声を受けたという形で、７月３日には軍がムルスィーに辞任を強要した。そして、その後成立した暫定政権を実質的に仕切ったアブドゥルファッター フ・スィースィー軍最高評議会議長が、翌2014年6月の大統領選挙に出馬、圧勝して大統領に就任した。得票率の96・9％という数字は、かつてのムバーラク政権時代の操作された得票率を彷彿とさせる数字だった。

その一方で、政権の座から引きずりおろされたムスリム同胞団は、その後、軍による徹底的な弾圧を受ける。軍クーデタ後、7月後半から8月にかけて各地で同胞団支持の抗議デモが行われたが、軍と衝突して1000人近い死者を出した。9月にはムスリム同胞団は解散を命じられ、2015年5月にはムルスィーら同胞団幹部に死刑判決が下されたのである。

## 「アラブの春」とは何だったのか

シリア内戦の泥沼化、荒れ放題のリビア、エジプトのクーデタを受けて、「アラブの春」はすっかり「春」とはいいがたい状況になってしまった。後述するイエメンもまた、「アラブの春」で政権交代を果たし、そこで活躍した女性活動家がノーベル平和賞をとるなど、温かいムードに包まれていたが、それが今では内戦下でコレラの蔓延する最悪の環境に陥っている。この状況を称して、欧米メディアは「アラブの冬」と呼んだ。藤村信氏の古典的著作、『プラハの春　モスクワの冬』になぞらえるわけではないが、「春」を経験したのちのアラブ諸国は、いずれも「春」以前よりもさらに厳しい権威主義体制、警察国家、暴力依存へと傾斜しているのは事実だ。

「春」が「春」として人々の気持ちを高揚させたのは、わずか1年程度だった。政権転覆後、曲がりなりにも「民主政治」が続いているのは、チュニジアだけである。労働組合や弁護士協会など、チュニジアの「民主化」を後退させないように頑張ってきた四団体は「国民対話カルテット」と呼ばれて、2015年にはノーベル平和賞を受賞した。近年のノーベル平和賞がしばしばそうであるように、過去の実績というよりは、その活動の方向性を見失わないでほしいという、ノーベル委員会の期待がよく表れた受賞だろう。だがそのチュニジアも、ISなどシリアの武装勢力に合流するのが世界で最も多い国、という汚名を着せられる立場にある。

では、ことごとく失敗した「アラブの春」は、なかったほうがよかったのか。権威主義体制がさらにパワーアップして戻ってきているのなら、「春」の効果はなかったということなのか。「春」に希望を抱くアラブ知識人のなかには、「今はまだ長い革命の途上なのだ」と主張し、フランス革命やロシア革命など、歴史上の大革命の例を引いて自己弁護する者も少なくない。

そこまでポジティブには言えないとしても、「春」が起きたことでよくも悪くも人々が

「自由」を経験したことは、否定しがたい大変化だったといえよう。これまでできないと思っていたこと、許されないと思っていたことが、ある日突然できるようになる。決して越えられない壁が、ある日突然壊れることがある。その達成感、自己実現の喜びは、「春」を経験したことで初めて共有されたものだ。

それが達成可能だという夢が見えてしまったがゆえに、再びそれを「見えないこと」には戻せない。権威主義体制の限界や日常生活に潜む「敵」の姿、それを打倒した後に広がるはずの薔薇色の未来など、「見えてしまった」今では、無理にでも「達成」しようと目指し、あがく人々がいる。シリアがその代表例だ。「春」の後に訪れた「冬」の最大の問題は、「見えてしまったこと」にひたすら蓋をしようとする者（政権側）と、一瞬開いた壁の穴から見えた光景を実現するためにどんな手段でも覚悟する者（反政府側）との、歩み寄ることのできない分極化である。

エジプトで軍クーデタを消極的ながらも歓迎した者たちの多くは、ムスリム同胞団政権で見えてしまった「イスラーム主義者の天下」に、激しい忌避感を抱いたのだろう。同胞団などイスラーム穏健派に対して、それまで物わかりのよいフリをしていたリベラル知識人は、イスラーム主義の台頭に対する嫌悪をむき出しにするようになった。それまで同胞団に対する不信感に蓋をして「見ないフリ」をしてきたが、いったん表現の自由というタブーが解き放たれると、針は大きく「不寛容」に振れ、安定を損ねる勢力に対する激しい排除姿勢を隠さない。そして、逆説的なことに、自由が混乱、世情不安や治安の悪化をもたらすならば、それよりは治安を力で維持することのできる政治権力のほうがマシだと、権威主義体制のカムバックを望む。

一方で、制約を解き放たれ自由を謳歌したのは、過激派や急進派、宗教的厳格派もまたそうであった。元来政治とは距離をおいてきたサラフィー派が政治化、武闘化し、サラフィー・ジハード主義として多大な影響力を及ぼすようになったのも、そしてＳＮＳなどを多用して広く社会から支持を集めるようになったのも、「春」後に進んだ情報の自由化、統制の弛《ゆる》みと無関係ではない。ＩＳに代表されるように、武闘派が自由に活動できる地を確保できるようになったのは、「春」後アラブ各地に国家の監督の行き届かない場が増えたからだ。

「アラブの春」で解き放たれたのが人間の尊厳に対する思いや自己実現への意欲だけであれば、よかったのかもしれない。だが、憎しみの自由、対立の自由もまた、解き放たれた。恐怖の壁が壊されたとともに、さらなる恐怖、暴力の開発競争も、ＩＳなどによって進められている。その対立の最たるものが、「宗派対立」とみなされる中東地域の覇権抗争である。次章では、ペルシア湾岸地域を中心とした域内関係に光を当てていこう。

# 第５章

【中東の域内覇権抗争１】

## 宗派対立？
## （2003年～）

中東における混乱の原因は、
果たしてスンナ派対シーア派の
宗派対立にあると言ってよいのだろうか？

2017年1月24日、イラクのシーア派聖地のひとつカルバラに集う、国内外のシーア派巡礼者（撮影：森本一夫氏）

## 紛争の原因は「宗派対立」なのか

前章で触れたシリア内戦について、それが混迷し長引く要因としてさらに重要なことがある。周辺国の紛争への介入が、宗派や民族など、地域の固有の事情と結びつけられて議論されがちなことだ。

アサド政権にイランやイラクなどのシーア派政権が支援していて、反体制派にはサウディアラビアやカタール、トルコなどスンナ派の国々が支援している。だからシリア内戦は宗派対立の代理戦争だ——。そんな指摘が、内戦発生時からさまざまなメディアでなされてきた。そして、なぜこれらの周辺国がアサド政権派、反体制派に分かれてそれぞれを支援しているかといえば、それは宗派が同じだからだ。イランはシーア派の一種と認定されているアラウィー派のアサド政権を、サウディアラビアはスンナ派の反体制派を、同じ宗派のつながりで支援している——。そんなふうに解説されることが、いまや一般的となっている。

周辺諸国が政権側と反体制派に分かれて介入してきたこと、そのことが内戦の解決を遠ざけ、ますます混乱を生んでいることは、事実である。だがそこで言われる「対立しているのは宗派が違うから」は、正しいのだろうか?

シリア内戦だけではない。「アラブの春」でとりあえず政権交代を実現したイエメンもまた、政権交代から3年を経てさらに政変が起き、内戦と呼ばれる事態に至った。これもまた、「アラブの春」後に成立した旧政権側がスンナ派で、サウディを中心とするアラブ湾岸諸国が推し、2015年に成立した新政権側がシーア派でイランが推す、という構造で理解されがちである。

この「宗派が原因で対立している」という物言いに違和感を感じるのは、筆者が四半世紀以上前、イラク戦争も湾岸戦争もまだなかった時期に滞在したイラクの日常生活では、宗派はそんなに大きな問題ではなかったからだ。イエメン研究の第一人者の松本弘氏も、イエメン内戦の原因は主としてイエメン的事情によるもので、むしろ部族社会の変質がその背景にあると指摘する。20年くらい前まで、日本を含め欧米の中東研究者の多くは、問題は宗派の違いではなく、経済格差や社会的不平等、イデオロギー的な違いだと考えてきた。

なのに、イラク戦争以来、「宗派対立」という言葉をやたらに頻繁に聞くようになった。戦後イラクで反米抵抗運動が高まったのも「宗派対立」の文脈で解釈されるし、ISもその激しいシーア派敵視から、宗派主義として糾弾される。

いったい「宗派対立」とは何だろうか。そして、現在進行中の中東のさまざまな紛争は、果たして「宗派の違い」が原因なのだろうか。

## スンナ派とシーア派の違い

世界に16億人以上存在するイスラーム教徒は、うち9割程度がスンナ派、1割がシーア派であると言われている。

そもそもスンナ派とシーア派の違いはなにか。スンナ派は、そもそも自分たちが正しいイスラームの歴史を体現してきた主流だとして、「派」という自覚はない。スンナ派にはイスラーム法学の学派としてハナフィー、ハンバリー、マーリキー、シャーフィイーという四大学派があるが、それ以外の分派していった者たちは正しいイスラームではない、という考えが持たれがちである。

その分派したものたちの代表的な例が、シーア派である。預言者ムハンマド死後、預言者の教友たちが「正統なカリフ」としてイスラーム共同体の指導者となったが、このとき、後継者となるにはいかなる資格が必要かについて、信徒の間で議論が分かれた。そのなかで、預言者の教友である第一代から三代のカリフ（スンナ派が「預言者の正統な後継者」と信じる者たち）よりも、預言者ムハンマドの子孫こそが指導者（イマーム）たるべきだ、と主張したのが、預言者の従弟で娘婿たる四代目アリーを支持する一派であった。彼ら、すなわちシーアト・アリー（アリーの派閥）が、シーア派と呼ばれるようになったのである。

シーア派と一言で言っても、すべて同じ教義、同じ信仰儀礼を共有するわけではない。主流は、イランやイラク、レバノン、バハレーンやサウディアラビア東部に住む12イマーム派であるが、イエメンのシーア派はザイド派、パキスタンにはイスマーイリーヤ派、シリアにはアラウィー派がいる。

こうした宗派発祥の起源については、教義の違いを問題視する人々にとって、あるいは教義の違いが政治的、社会的問題へと浮上した場合は、大問題かもしれない。また、教義の違いに基づいて社会制度設計を考える思想家には、深刻な問題であろう。12イマーム派は、イマームの家系が途絶えたあと、そのイスラーム共同体を誰が指導していくべきかを巡って、イスラーム法学者の役割を重視する思想が生まれた。その流れのなかに、イラン革命を主導したルーホッラー・ホメイニーの「法学者の統治」（ヴェラーヤティ・ファギー）論がある。

ルーホッラー・ホメイニー

だが、イスラーム教徒に生まれながらもさほど信仰深いわけではない、あるいは信仰熱心だけれども教義に詳しいわけでもない、市井の人々にとっては、教義の違いがそのまま、他宗派に対する違和感につながるわけではない。出自よりも学歴や職歴のほうが社会生活を営む上でよっぽど重要だと考える人や、そういう発想で成り立っている社会においては、自分が何宗派の出身なのかなどは、あまり気になることではない。

むしろ、違和感を生む可能性があるのは、生活慣習や信仰儀礼などの「見た目」の違いかもしれない。スンナ派信徒が行わないシーア派の儀礼が、スンナ派にとって異様に見えることがある。アーシューラやアルバイーン（第三代イマーム、フサインの惨殺を悼んで行う儀式や行進）などの12イマーム派が行うさまざまなイベント、歴代イマームの肖像画の掲揚《けいよう》（アイドルのポスターを貼るのとほぼ変わらない）などは、厳格なスンナ派にとっては、許しがたい逸脱行為に見えるかもしれない。

だが、聖者を崇敬したり歌や踊りなどいろいろな儀礼を行うという点では、スンナ派にもスーフィー（神秘主義）教団がある。地元の聖者の生誕祭のなかには、歌謡ショーまがいのイベントあり、出店や移動遊園地ありの、村祭り的儀礼として人々に愛されている祭りが少なくない。日常生活に浸透したスーフィー教団の儀礼に慣れた市井のスンナ派住民にとっては、シーア派の儀礼も楽しいお祭りのひとつだ。むろん、厳格派のサラフィー主義者にとっては、どちらももってのほかなのだが。

ふたつの宗派が国内に存在する国や地域では、早くから両派の習慣や教義の違いについて、お互い知り合い、理解しあう土壌があった。両派間の結婚も当たり前のようにあったし、同じ部族が定住した場所によって宗派で分かれることもあった。筆者が勤める大学で、留学生を自宅に呼んで断食後の食事（イフタール）に招待したことがあったが、そこにはスンナ派、シーア派双方の学生がいて、イフタールを始める時間が両派で違う、という。だが、遅く始めるシーア派はスンナ派に「お先にどうぞ」といい、早く始めるスンナ派は「30分くらいは待つよ」と譲った。

父は「シーア派」、母は「スンナ派」、娘は「スーシー」のボードを掲げた写真を掲載した、ブルッキングス研究所員のツイッターページ（2014年6月19日）

なので、宗派の違いが自動的に対立や排除につながるわけではない、ということを、両方の宗派が住むイラクやレバノンやバハレーンの人々は知っている。宗派が原因とされる内戦があるたび、市井では、宗派共存を示すツイッターやブログが出回る。母親が「スンナ派」、父親が「シーア派」と書いたボードを掲げ、娘が「スーシー」と、両派を合わせた造語を掲げてくつろいでいる写真は、ISのモースル制圧直後にアメリカのブルッキングス研究所の研究員がツイートして話題となった。

## なぜ「宗派」が対立するのか

その「宗派」が、今中東のさまざまな紛争の原因として指摘されているのは、何故だろうか。もし宗派が自動的に違和と対立を生むものであれば、両派は過去1300年以上直接対立し続けてきたはずだ。だが、実際には、「宗派」を理由に多くの人々が日々恐怖にさらされ、命を失い、互いに罵り合う環境が訪れたのはイラク戦争以降、もっといえば2006—07年のイラクでの内戦状態の勃発からだ。

むしろ共存の工夫は、歴史のなかに見出すことができる。両派がともに住み、シーア派のペルシア帝国とスンナ派のオスマン帝国に挟まれて頻繁に戦場となってきたイラクでは、戦いとともに共存の工夫もなされてきた。18世紀には、シーア派を「ジャアファリー」という学派とみなし、スンナ派の4つの学派に加えて「イスラームの5つ目の学派」としてシーア派を正しいイスラームと見なす、という試みが、政治家や法学者たちの間で論じられた。イラクでは、シーア派、スンナ派両方の宗教学校を出ているから、といって信望を集めているイスラーム法学者もいた。

では、どのようなときに戦いが共存を上回るのだろう。先に、「教義の違いが政治的、社会的問題へと浮上したときには問題になる」と書いた。確かに、16世紀から20世紀初頭まで、ペルシア帝国とオスマン帝国が領土を巡り戦いを繰り広げた際には、宗派の違いが対立の表舞台に浮上した。それは、それぞれが「イスラーム国家」として、それぞれが依拠するイスラーム法学が国家政策の核になっていたからである。国家の行政政策や権力抗争が、学派の違いとオーバーラップしていた。スンナ派のハナフィー派を信奉するオスマン帝国では、ハナフィー派しか政府官僚の職に就けなかったし、シーア派が通える公立学校もなかった。

前述したように、カリフ制が廃止され、イランもアラブもトルコも近代化路線をとるようになると、宗教や宗派は国策から切り離された。実態はともあれ、形式的には宗派の違いが戦いの原因になることはなくなった。むしろ１９５０年代、アラブ民族主義が興隆した時代には、宗教や宗派ではなく、「民族」が問題となった。宗派の違いより民族の違いが戦いの源泉に置かれたのである。

50年代以降「民族主義の時代」が続く中東で、「宗教」を再び政治の舞台の中心に押し上げたのが、１９７９年、イランでのイスラーム革命だった。

ここで注意しなければならないのは、イラン革命が最初から「シーア派の革命」として

1979年1月17日、イラン革命で市民に引き倒された国王像（提供：共同通信社）

スンナ派から拒絶されたわけではない、ということだ。むしろイラン革命が反米、反植民地主義を堂々と謳っていたことから、反米革命勢力は宗派と関わりなく、イラン革命に共鳴した。イラン革命に真っ先に支持を表明したのが、世俗的反米ナショナリズムを掲げる、だが宗派的にはスンナ派のPLO（パレスチナ解放機構）だったことは、そのことをよく表している。スンナ派のムスリム同胞団のなかにも、イスラームが政治と切り離せないと考える点で、宗派が違えどイラン革命に快哉《かいさい》を叫んだ活動家は少なくなかった。

　しかし同時に、イラン革命を巡るその後の政治展開のなかで、思想的な近似性よりもイランという非アラブの国との関係を巡る政治姿勢が問題になった。今アサド政権と徹底的に対立しているシリアのスンナ派イスラーム主義者は、反イラン、反シーア派姿勢を貫いているが、この原因のひとつに、イラン・イラク戦争で、アサド政権下のシリアがイランを支持したということがある。アサド政権がなぜイランを支持したかといえば、シリアの政権党であるバアス党と、イラクで同じく政権を取るバアス党が、長年にわたり党の主導権を巡って派閥抗争を繰り広げていたからだ。宗派とは無縁の反政府活動、世俗主義者同士の政治的派閥抗争が対外的な同盟関係を左右し、それが結果的にイラン、ひいてはシーア派を敵視させる要因となったのだ。

つまるところ、政治対立が先にあり、それが宗派を巡る対立に転化されるのである。結果的に宗派間の戦いに見えることになる場合もあれば、政治家たちが意図的に宗派を軸に支持者を動員する場合もある。人々を信仰心や忠誠心を利用して動員することは、主義主張で人々を動かすよりも簡単であり、その意味で「民族」や「宗派」は政治対立に利用価値大なのだ。

では、宗派対立より前にある政治対立とは、何なのか。上述したように、「イラン」を巡る対立が「シーア派を巡る対立」に転化されやすいことは、容易に想像がつく。では「イラン」と対立しているのはどこか？　歴史的にはオスマン帝国であったり、1980年代にはイラクであったりしたわけだが、今問題になっているのは、サウディアラビアだ。

イランとサウディアラビアという湾岸産油地帯における二大域内大国間のライバル関係が、イラク戦争後中東地域の不安定要因として浮上している。その緊張関係は、「アラブの春」を経てますます高まり、2016年1月にはとうとう両国は断交に至ったのである。

## アメリカのペルシア湾岸を巡る政策

イランとサウディアラビアのライバル関係は、近年始まったものではない。サウディアラビア建国（1932年）、第二次世界大戦後のサウディアラビアとアメリカの蜜月関係確立（1945年）、イギリスのスエズ運河以東からの撤退決定（1968年）と続く20世紀の流れの中で、常にライバル関係が意識されてきた。そして、この二国にイラクを加えた3つの地域大国の間の三つ巴状態によって、産油国が集中するペルシア湾周辺の安定は左右されてきたのである。

ここで、サウディアラビアを含む中東諸国に対する、アメリカの政策の歴史を振り返っておこう。なぜなら、この3ヵ国の関係を決定付けたのが、アメリカの湾岸地域への政策のあり方だったからである。

第二次世界大戦後、冷戦下のアメリカの対中東政策の柱は、対イスラエル支援を除くと、ソ連の中東への勢力拡張を防ぐことと、ペルシア湾岸諸国からの石油の安定供給を維持することだった。そのためには、最大の産油国のサウディアラビアを守るために、ソ連と国境を接する国々を全面支援する必要があった。ソ連の南方国境に接している国というのは、トルコ、パキスタン、そしてイランである。イランはトルコやパキスタンとともに、ソ連の湾岸油田地域への進出を防ぐための、重要な防波堤の一角だったのである。実際、第二次世界大戦中にはソ連軍がイラン北部に進軍し、イギリスと同国を二分して支配した時期もあったので、その「ソ連の脅威」は杞憂ではなかった。

「ソ連の脅威」は北方から想定されるだけではなかった。50年代から70年代にかけては、エジプト、シリア、イラクのみならず、チュニジア、アルジェリア、リビアなどの北アフリカ諸国が次々に社会主義化していき、ソ連を始めとする東側諸国の援助を得ていた。政権を取るにはいたらなくとも、多くの国で知識人や軍人の間に社会主義思想が浸透した。こうした状況は、イランやサウディアラビア、あるいはヨルダン、モロッコといった王政諸国にとっては、恐怖以外の何物でもなかった。社会主義型の軍主導共和政は、そのほとんどが王政を転覆して成立したものだったからだ。

親米対反米、王政対共和政の対立の最前線に置かれたのが、イラクである。イラクは、1958年に親英の王政を倒して以来、親ソ路線を取り、親米のサウディアラビアなど湾岸諸国を脅かす存在だった。それを牽制するのに欠かせなかったのが、シャー体制下のイランである。1979年以前のイランは、アメリカにとって、「ソ連の脅威」を外からも内からも阻むために重要なパートナーであり、(イスラエルを除けば)中東最強の頼みの綱だった。イランは、次章で詳述するように、イラク国内のクルド勢力を支援してイラク中央政府に圧力をかけるなど、しばしばイラク国内政治に介入した。

ところが、1979年にイランがイラン革命を経て反米のイスラーム共和国になると、状況が一変する。イラン革命が掲げるシーア派型「イスラーム革命」思想の伝播が、王政、共和政にかかわらず、周辺アラブ諸国にとって脅威となったのである。ここに、イラクとサウディアラビアは、イランを共通の敵として同じ側に位置することとなった。

同時にイラクは、イランと断交したアメリカに接近した。イラン革命の翌年に起きたイラン・イラク戦争（1980―88年）は、まさにイラン革命の「脅威」が湾岸産油国に及ばないよう、防波堤としてイラクがイランと戦ったという戦争であり、それはアメリカの利益を守ることでもあった。だからこそ、サウディアラビアを始めとする湾岸産油国は、8年間にわたりイラクを金銭的に支えたのである。

しかし、さらに3ヵ国の関係を一変させたのが、1990年のイラクのクウェート侵攻だった。イランとの戦争で疲弊したイラクが、石油資源を巡って隣国クウェートに軍事侵攻したことは、それまで自分たちを守ってくれていた用心棒がいきなり、雇い主に牙をむいたようなものだった。当時のフセイン政権としては、反イランの防波堤として戦ったという貸しがあるから、アメリカやサウディもちょっとのことなら目をつぶるのでは、と甘く見たに違いない。だが想定に反して、アメリカもサウディアラビアを始めとする湾岸諸国も反イラク側に回り、湾岸戦争でイラクと戦った。

湾岸戦争以降は、イラクが国際的な制裁下に置かれ、結果的にイランもイラクもともに国際的に封じ込められた。このことは、イラン、イラク両国を潜在的な脅威とみなすサウディアラビアを、とりあえずは安心させることとなった。だが、イラン、イラクに対する国際社会の「封じ込め」の継続には無理があった。石油大国たるイラクやイランに「制裁」をかけたとしても、その石油供給や油田開発利権に惹かれて制裁破りを行う国は、どうしても出てくる。ブッシュ米政権が２００３年にイラク戦争を決意した背景には、「イラクを経済制裁で封じ込めておくことには限界がある」と考えたことがある。

## イラク政権の交代が周辺諸国に与えたインパクト

さて、この三つ巴関係を根底から崩したのが、２００３年のイラク戦争に他ならない。前述したように、戦後のイラクがイラン型のシーア派イスラーム主義者が政権を担う国になってしまったからである。20年前にイラン・イラク戦争で8年かけて「イラン革命の輸出」を防いできたのに、イラク戦争でやすやすと、イラクにイラン革命政権に似た新政権ができてしまった。そこで、サウディアラビアを始めとする湾岸首長政の国々は、イランとイラクがタッグを組んで自分たちに圧力をかけてくる、という危機意識を抱いたのである。

湾岸諸国だけではない。ヨルダンのアブドゥッラー国王もまた、イラク戦争後のイラク政界を見て、「シーア派台頭の脅威」を危惧した（２００４年）。アメリカがイランを利する形でアラブの国イラクを軍事攻撃した、という構造は、アラブ諸国のスンナ派イスラーム社会の間に、アメリカに対する反感を生んだばかりでなく、その結果相対的に影響力を高めることとなったイランへの対抗心を醸成したのである。

イラク戦争後の中東で相対的に優位を誇ったのは、イランだけではない。同じくシーア派のレバノンのイスラーム主義勢力、ヒズブッラーは、１９８２年のイスラエルのレバノン侵攻以降徹底して反イスラエル強硬姿勢を取り、イスラエルに対する武装攻撃を続けてきた。このヒズブッラーが２００６年7月、イスラエル軍の攻撃を受けて2ヵ月弱の間、戦闘を展開、イスラエル軍に１１９名の死者を出す「成果」を挙げた。ヒズブッラー自体はむろんのこと、それが拠点とするレバノン南部の民間人にも多数の被害を出した戦闘だったが、イスラエル国軍にこれだけの被害を与えたのは、稀である。しかもイスラエルは、ヒズブッラーの拠点破壊や、これに拉致されているイスラエル兵士の解放といった初期の目的を達成することができないまま、戦闘を終えざるをえなかった。

このことはヒズブッラーの名を高め、指導者のハサン・ナスラッラーは一躍、アラブ世界のヒーローとなった。アメリカのメリーランド大学の政治学者シブリ・テルハミが、同年に行ったエジプトやヨルダンなどアラブ6ヵ国での指導者人気調査では、ナスラッラーが堂々たるトップの座を占めたのである。

このイランと、イランが支援するシーア派組織の台頭に対する脅威意識、妬みが、イラン＝「シーア派」への脅威視とつながったといっても過言ではなかろう。特にイラク戦争でアメリカに深い恨みと憎しみを抱いた反米イスラーム主義者にとっては、イラク戦争の結果台頭したイラクのシーア派政治家たちが、アメリカと手を組みイラクを破壊に導いた「敵の手先」に見える。スンナ派アラブ諸国が不遇を託っているのは、シーア派のイランとアメリカが共闘して「正しいイスラームであるはずのスンナ派」を抑圧しているからだ、という犠牲者意識が生まれてくるのだ。アルカーイダやＩＳに集う若者のなかには、こうした観点からシーア派住民を目の敵にする者が少なくない。

２０１７年５月の五日間を取り上げて、その間に交わされたアラビア語のツイッター１万件を分析したマーク・オウエン・ジョーンズの論文「中東の反シーア宗派主義がツイッター上でどう分布しているか」によれば、そのうち反シーア派ヘイト表現がみられたツイートの１６５６件がサウディアラビアで発せられ、次いで多かったのがエジプトで４２０件、クウェート１１１件、イラク71件となっている（２０１７年5月12日時点）。

反対に、少なくともアラビア語圏では反スンナ派ヘイト発言は少ない。反スンナ派ヘイトはサウディアラビアとイラクで最も多いが、その数は148件程度で、全体でも反シーア派ヘイトの5分の1以下だ。ペルシア語など非アラビア語でのヘイトが分析されていないので、単純な結論は求められないが、サウディアラビアが宗派的ヘイト発言のひとつの発信源となっていることが、ここから見て取れるだろう。

ただ、再び繰り返せば、スンナ派のイスラーム主義者が自動的に反イラン意識を強めたわけではない。イラン革命を支持したスンナ派政治勢力が当時少なからず存在したように、「アラブの春」の後も、イランと接近を試みたスンナ派イスラーム主義勢力がいた。エジプトで政権をとったムスリム同胞団がそれだ。2012年、ムハンマド・ムルスィーは、エジプト大統領としてほぼ半世紀ぶりにイランを訪問し、翌年イランのマフムード・アフマディネジャード大統領が返礼としてカイロを訪問した。ここにイラン革命以来初めて、両国間で大使が任命されたのである。

なお、のちにムスリム同胞団を打倒して政権を奪取したスィースィー政権は、再びイランとの関係を断っている。ムスリム同胞団という「敵」の「友」たるイランは「敵」、というわけだ。ここからも、イランとの関係は宗派上の対立によって左右されているのではなく、やはり政治対立が先にあって反イラン、反シーア派姿勢が生まれている、と言える。

# 第６章

【中東の域内覇権抗争２】

## 揺らぐ対米関係
## （2003年～）

サウディアラビアを中心とした湾岸諸国にとって、
アメリカは最大の庇護者であり、
イランを封じ込める同盟国だった。
そのバランスはどう移り変わっていくのだろうか。

2017年5月20日、サウディアラビアを訪問するトランプ米大統領（提供：Getty Images）

ところで、イラク戦争後のイランの相対的台頭という事態がもつ最も厄介な点は、その原因を作ったのが、アメリカが起こしたイラク戦争だったということだ。イラク戦争後のアメリカにとって、イランは戦後のイラクを管理運営する上で、無視できない隣国となった。核開発問題でイランと角突き合わせつつも、戦後のイラク政治がアメリカの意向から大きく外れないように統御するには、イランとの一定の暗黙の了解が成立しなければならない。２０１０年、議会選挙後なかなか首班指名ができずに8ヵ月近く政局が空転したイラクで、ようやくマーリキーが二期目を務めることで決着がついたが、アメリカとイランともにマーリキーに任せて良し、とゴーサインを出さなければ、政権は成立しなかっただろう。

このアメリカの対イラク政策に最もいらだったのが、サウディアラビアを始めとした湾岸諸国である。湾岸諸国にとってアメリカは、石油政策や安全保障政策面で、最大の庇護者であり続けてきた。湾岸戦争でのクウェート支援を引き合いに出すまでもなく、アメリカは常に湾岸諸国の利害を考慮して、これまで中東政策を展開してきたのである。

だが、イラク戦争後、親イラン政治家ばかりがイラクの政権中枢につくという事態を引き起こしたアメリカは、本当に湾岸アラブ産油国の国益を考えてくれているのだろうか、という疑念が生まれてくる。アメリカは、今後も湾岸産油国を守ってくれる信頼に足る同盟国なのだろうか？　本章では、オバマ政権からトランプ政権へと変化するアメリカに、中東、特に湾岸諸国がどうふりまわされ、どう対応してきたか、見ていこう。

## 「アラブの春」を恐れたサウディアラビア

イラク戦争後の疑念に続いて、ペルシア湾岸のアラブ王政・首長政諸国の間に対米不信感を生んだのが、「アラブの春」である。サウディアラビアや他の湾岸アラブ諸国は、「アラブの春」の波及を恐れた。かつてはアラブ民族主義の波、左派革命運動の波、イスラーム革命運動の波と、さまざまな反王政運動の挑戦を生き延びてきた湾岸の王政・首長政にとって、「アラブの春」は久々の体制の危機と受け止められた。なんとしてでもこれが自国に及ぶのを阻止しなければならない。いや、近隣諸国にその波が及びつつあるなら、内政干渉してでも、流れを断たなければならない。

ところが、頼みのアメリカは、オバマ政権のもと、「アラブの春」を歓迎した。ブッシュ政権時代から、民主化の輸出を謳ってきたアメリカである。チュニジア、エジプトでの政権交代を支持した。

これは、サウディアラビアにとって、悪夢であった。特にエジプトはサウディ同様アメリカの忠実なる同盟国として、アメリカに守られて当然の国である。だが、オバマのアメリカはムバーラクを救うことなく、政権交代を支持した。ここから生まれる教訓は、「アメリカは同盟国の政権を助けない」、である。イラン革命の際、アメリカの代理人として信頼されたシャーを救うことなく、逆にその非民主性を批判したカーター民主党政権下のアメリカの信用できなさが、サウディ王政の脳裏によぎる。

そもそも、サウディ王政にとってムスリム同胞団は、イスラームを掲げる友であると同時に、王政の正統性を覆しかねない獅子身中の虫だった。アラブ民族主義の脅威に晒されていた1960年代には、同胞団はサウディアラビアにとって協力、利用できる存在だった。だがエジプトから次々に流入する同胞団系の教師やイスラーム法学者を通じて、同胞団はサウディのイスラーム教育界、思想界にじわじわと影響力を強めていった。

サウディ国家の根幹を担うワッハーブ派宗教界とタッグを組みながら、本来イスラーム的には矛盾する「王政」を掲げてきたサウード一族にとって、イスラーム主義の立場から直截な「正論」を掲げる同胞団は、危険な存在である。特に湾岸戦争後、サウディで米軍のサウディ駐留を批判する声がイスラーム主義者の間で高まったことは、ビン・ラーディンの例を挙げて前述したとおりだ。その中心となったのは、「サフワ」と呼ばれる、同胞団の影響を受けたワッハーブ派イスラーム主義者による運動だった。90年代、サウディ王政は「サフワ」を一斉弾圧、以降同胞団系の組織には敵対心を抱いてきたのである。

その同胞団が「アラブの春」で堂々とエジプトの政権を握ることになるとは、サウディ王政にとって望ましくないこと、きわまりない。同じイスラーム主義でも第二党のサラフィー主義勢力を支援したり、ひいては２０１３年の軍事クーデタでは露骨にエジプト国軍側を支援し、クーデタに渋い顔をするオバマ政権に代わり、ふんだんな資金援助をスィースィー政権に提供した。

**バハレーンへの口出し**

エジプト以上に「アラブの春」でサウディ王政が危機感を抱いたのは、隣国のバハレーンでの政府批判デモの発生である。

１９７１年、イギリスの中東からの撤退を受けて独立したバハレーンは、古来から真珠取りとダウ船交易で生計をたてる漁師の町として繁栄した。サウディアラビア東岸沖にあるペルシア湾のこの小島には、北のイランからペルシア人が、西のアラビア半島からはアラブの遊牧部族が頻繁に移住した他、16世紀にはアジア進出を始めたポルトガルが一時支配した。その結果、バハレーンにはイラン系住民とアラブ系住民が入り交じり、宗派的にもシーア派とスンナ派が混住した。18世紀末に、アラビア半島を追われてバハレーンに逃げ込んだハリーファ一族が、19世紀にイギリスの庇護を得て同島の支配者としての地位を確立したのが、現ハリーファ王家の起源である。石油産出量は少ないものの、１９３１年、アメリカの石油会社が初めてアラビア半島地域に油田を発見したのが、バハレーンであった。

　小さいながらも、そのような複雑な社会構成であるがゆえに、バハレーンでは他の湾岸諸国と比べて、反政府運動や政治活動が早い時期から活発だった。石油産業労働者を中心とする労働運動や議会開催要求運動は、独立以前の50年代から存在し、60年代には非合法ながら左派系民族主義政党も結成された。人口の7割強がシーア派であることもあって、イラン革命の2年後には、その影響を受けた反王政暴動が発生した経緯がある。

　こうした背景をもつバハレーンだからこそ、「アラブの春」に人々はすぐに反応した。折しも２０１０年10月には下院議会選挙があり、穏健派シーア派イスラーム主義を掲げる最大野党のウィファークに対して、政府による露骨な妨害、介入が行われたところだった。他の「春」経験国と同様に、人々は政府の抑圧的政策への批判、非民主的な対応に不満を募らせていたのである。

　２０１１年2月ごろから活発化したバハレーンでのデモもまた、エジプトやチュニジアでのデモと同様に、宗派や階層、年齢的に偏向なく、広く人々の関心を集めた。その目的は、政治改革は求めたものの、バハレーン王政自体の転覆を謳うものではなかった。しかし、政権側の鎮圧行動がエスカレートするにつれて、デモ隊側も宗派色、反王政色を打ち出していく。その結果、アラブ湾岸諸国6ヵ国からなるGCC（湾岸協力会議）は、その合同軍をバハレーンに派遣することを決定（3月14日）、ハマド・バハレーン国王は戒厳令を発してデモ隊を軍事力で鎮圧したのである。

ここで、サウディアラビアは再び、オバマ政権に失望させられることになる。デモ隊とバハレーン官憲が衝突してデモ隊側に死者が出た際、ヒラリー・クリントン米国務長官がバハレーン政府に釘をさしたのである（2月16日）。さらにGCC合同軍の派遣に対して、「GCCとバハレーンは間違った方向に向かっている」とまで述べた。「デモ隊＝イランの影響力拡大」と位置づけて、当然の防衛行動をとったつもりのサウディアラビアにとっては、アメリカはサウディの利害意識を全くわかっていない、と判断してもおかしくない発言だったろう。

バハレーンでのデモ風景（撮影：著者）

## シリア内戦を巡る周辺国事情――トルコの場合

対エジプト、対バハレーンで露呈したサウディアラビアとアメリカの方向性の違いは、シリア内戦でより決定的となる。アサド政権の化学兵器攻撃に対する糾弾の拳を、いったん振り上げながら中途半端に下ろしたオバマ政権（２０１３年9月）の煮え切らなさについては、第4章で触れた。そのことで最もがっかりしたのが、サウディアラビアなど、シリア反政府勢力を支援する国々だった。

シリア内戦では、過去四半世紀イランに依存してきたアサド政権がイラン、イラクとレバノンのヒズブッラーに応援を仰いだのに対して、反政府勢力にはトルコ、カタール、サウディアラビアが支援の手を差し伸べた。前述の青山弘之氏によれば、サウディアラビアはイスラーム軍を、カタールやトルコはアルカーイダ系のヌスラ戦線やムスリム同胞団系のシャーム軍団を支援してきたという。

ここに、「アサド政権＝イラン＝シーア派」対「反アサド勢力＝サウディアラビア、トルコ、カタール＝スンナ派」の、あたかもイランとサウディアラビアの代理戦争のように見える、そしてシーア派とスンナ派の宗派対立のように見える戦いの構図が成立したのである。そして、人口の多くがスンナ派であることを共通点とするサウディアラビア、トルコ、カタールは、アメリカや西欧諸国の介入にアサド政権の打倒を期待した。だが実際にアメリカがシリア空爆に踏み切ったのは２０１４年９月、ＩＳを対象に行われたものであって、反アサド勢力が期待したような「アサド政権叩き」ではなかった。

アメリカに期待できないとなると、反アサドで介入していた周辺国は、それぞれ自国の利害を優先して独自の政策を展開するようになる。なかでもトルコの動きは独特だった。トルコがシリア内戦に関して最も警戒したのは、ＩＳでもアサド政権でもない、クルド勢力の発言力の増大だったからである。

中東における少数民族のなかで最も規模が大きく、独立運動の歴史の長さを誇るのが、イラク、イラン、トルコ、シリアなどに居住するクルド民族である。クルド民族がたどった不幸の歴史については次節で触れるが、クルド人の民族的権利に対して最も否定的な態度をとってきたのが、歴代のトルコ政権だった。南東部、国土の３分の１にクルド民族が居住し、全人口のうち多く見積もって３割弱、少なく見積もった政府筋の計算でも、16％をクルド人が占めると言われる。

シリアでも、トルコやイラク国境に近い地域にクルド民族が住んでいる。ＩＳがその「首都」としたラッカは、シリアのクルド人地域から南に下ったところにあるので、ＩＳが北に支配を拡大しようとすればそこにクルド人がいる、ということになる。そのため欧米諸国は、ISの力を削ぐためにはクルド勢力に頑張ってもらうしかない、と考える。特に直接米軍を投入したくないオバマ政権にとっては、クルド勢力が頼みの綱だった。2017年11月、レバノンで開催された講演会で、クルド問題の専門家、マイケル・ギュンターは、クルド勢力のことを「アメリカのブーツ・オン・ザ・グラウンド（地上部隊）」と表現した。

だが、これが面白くないのは、トルコである。イラクに続いてシリアでもクルド民族の発言権が高まるのは、トルコにとって望ましくない。しかもシリアで反ISの立場で活躍しているクルド人民防衛隊（YPG）は、トルコが「テロ組織」と見なすPKK（クルド労働者党）と同系列であり、トルコはこれを「クルドもISもテロ組織に変わりない」、と危険視した。

こうした事情から、アメリカがISに対する戦いでシリアに積極的に介入し始めたのちも、トルコはあまり協力的ではなかった。2015年以降、重い腰を上げてアメリカに協力して反IS作戦に乗り出すが、それを相殺するかのように、トルコ政府はこれまで宥和路線を続けてきた対クルド政策を一転させて、PKKへの弾圧を強めた。そのことでクルド勢力による反政府武装活動も激化し、トルコ国内の治安は一気に悪化する結果となったのである。

そして2016年末には、トルコはイランとともにアサド政権を支援するロシアと手を組む、という決断をした。その1年前には、トルコとロシアは、シリアの反アサド派拠点への空爆を本格化させていたロシア空軍機をトルコ軍が撃墜するという、驚愕の一触即発状態に陥っていたのにもかかわらず、である。それが急転して組むことになった背景には、紛れもなくトルコ側のアメリカ不信と、「やるときにやるのはロシアだ」ということを思い知らされたことがあろう。アメリカとサウディが掲げる「反アサド政権」の看板は、次々に追随者を失っていったのである。

## 国家なき民族

さて、ここで少し、クルド少数民族について解説しておこう。中東、特に湾岸地域から東地中海までの紛争状況と、それを巡る欧米の政策について、常に重要な役割を果たしてきたのが、世界で最も人口が多い「独立国家を持たない民族」と呼ばれるクルド民族である。

中東は宗派や民族が複雑で……とは、中東のわかりにくさを強調するのに枕詞のように使われる表現だが、民族的に複雑といえるのはクルド民族の自治独立問題くらいで、実は民族紛争は、それほど多くない。ところが、そのクルド問題が2015年以降、域内諸国関係を左右する重要な問題として浮上してきた。

ペルシア語系のクルド語を話すクルド人が、いつから民族意識を自覚するようになった

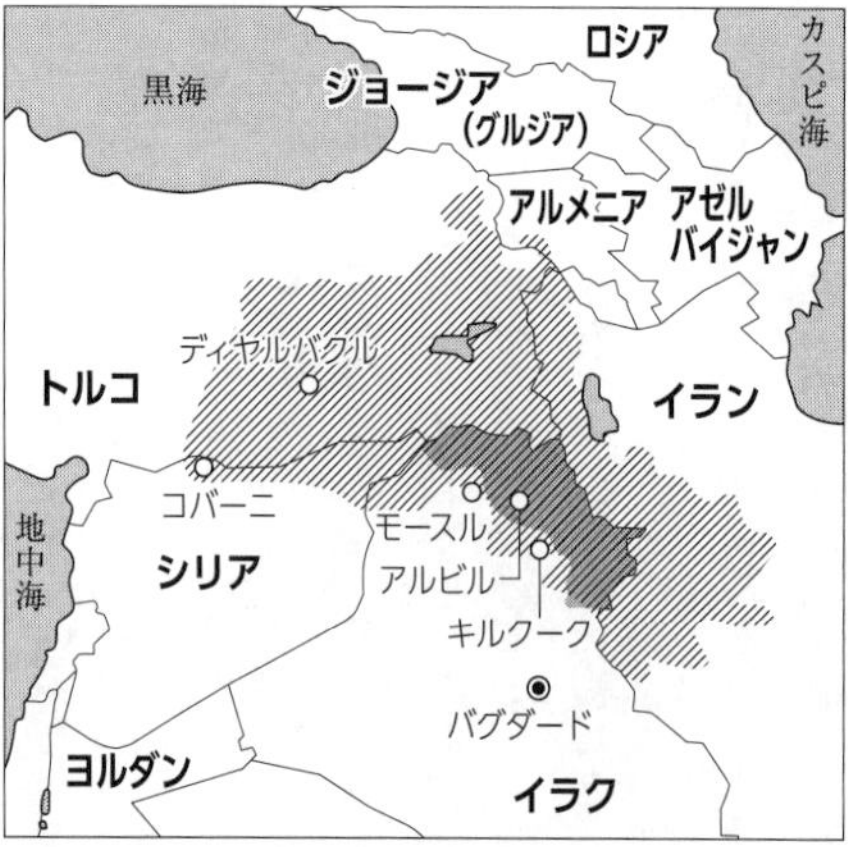


クルド人が多く住む地域　クルディスタン自治区

2017年9月時点でのクルド人居住地域
（英BBC放送〈電子版による〉をもとに作成）

かについては諸説があるが、彼らの最大の悲劇は、第一次世界大戦時にアラブ民族同様、イギリスから独立の約束を取り付けたにもかかわらず反故にされたことである。大戦後の中東をどう再編するかを画策していた英仏は、１９２０年、クルドの自治を認めたセーブル条約をオスマン帝国に受諾させたが、帝国崩壊のなかから復活の狼煙を上げたケマル・アタチュルク率いるトルコ共和国はこれを拒否、代わりに締結されたローザンヌ条約（１９２３年）では、クルド自治に関する記述は消えうせた。イギリスが委任統治することになったイラク北部に油田が発見されたため、クルド人が独立して石油資源を脅かすことになってはいけない、とイギリスが考えたからだといわれる。

その結果、クルド民族の居住地は上述した４ヵ国に分断され、いずれの国でも少数民族の不遇を託つ羽目になってしまった。イランでは第二次世界大戦直後にごく短期間、独立国（マハーバード共和国）を実現したことはあるが、それ以外の国では自治・独立運動は弾圧され続けてきた。

唯一、はっきりとした民族自治・独立運動が継続的に進められてきたのが、イラクにおいてである。１９２０年代、イラク建国時からクルド地域の部族長、シャイフ・バルザンチーが繰り返し反乱を起こし、イギリスのイラク統治を脅かしていた。40年代にクルディスタン民主党（ＫＤＰ）が結成され、１９５８年にマハーバード共和国建国を主導した英雄、ムスタファ・バルザーニを党首に迎えると、王政を打倒したばかりのイラク共和政権は、クルド民族とある程度共闘していく姿勢を見せた。

だが、イラクの中央政権は、治世が安定するとクルドに冷たくなる。61年に再び反乱を開始したバルザーニ勢力は、次々に登場するアラブの政権と押したり引いたりを続けてきた。バアス党も、68年に政権を取った直後は党内での権力抗争で落ち着かなかったため、クルド勢力と手を組むことにした。それが、政権掌握から2年後、バアス党政権がクルド民族に「自治権」を与え、形式的でも北部イラクに「クルディスタン自治区」を設置すると約束した「三月合意」として結実したのである。だが、合意が結ばれたといいつつムスタファ・バルザーニに対する暗殺未遂事件が起こるなど、信頼関係とはほど遠かった。

## 振り回されるクルド民族

ここで興味深いのは、当時イラクのクルド勢力が頼みにしたのが、隣国のシャー時代のイランだったことである。当時の親ソ派だったイラクを親米イランが見張っていたと前述したが、バルザーニがイラクの中央政府に盾突くことができたのは、イランの支援があったからだ。否、もっといえば、イランの後ろにアメリカがいてCIAが支援していたからだ。だからこそ、1975年にイラクのサッダーム・フセイン副大統領がイランのシャーに領土問題で譲歩したとたん（アルジェ協定）、クルド勢力は後ろ盾を失い一気に瓦解、反乱は失敗に終わった。

実は、この歴史的教訓と全く同じ展開が、80年代、90年代にも繰り返された。イラン・イラク戦争中、イラク国軍がイランとの戦争に忙しいことを利用して、イラクのクルド勢力は反政府活動を活発化させたが、戦争も末期になるとイラク軍はクルディスタンに対して反撃を行った。アンファル作戦と呼ばれたイラク軍によるハラブチャへの化学兵器攻撃（1988年）は、国際社会に衝撃を与えたが、欧米諸国がクルド民族の被害に何らかの救済行動を取るのには、湾岸戦争後まで待つしかなかった。

湾岸戦争でイラクのフセイン政権が国際社会の厄介者になると、90年代にはイラクのクルドは再び欧米、特にアメリカに持ち上げられることになる。湾岸戦争後のクルディスタンにはイラクからの航空機の飛来を禁止する「飛行禁止区域」が設定されたのだが、アメリカはここを、反フセイン勢力の活動拠点としようと考えたのである。半独立状態を享受したクルディスタンには、アメリカのＣＩＡやイラクの反政府武装勢力が結集した。

だが、当時のフセイン政権も、目と鼻の先の敵を看過するほど甘くはない。イラクのクルド勢力を二分してきたＫＤＰとＰＵＫの派閥抗争を利用して、１９９６年、フセイン政権がバルザーニの流れを汲むＫＤＰと手を組んだため、イラク国軍がクルディスタンに進軍、ここで反政府活動を展開していた諸勢力は、右から左まで軒並み大慌てでこの地を逃げ出さざるを得なくなった。ＣＩＡに協力して反フセイン活動を画策していたクルド人たちは、ほうほうのていでイラクを脱出し、当然のことながらアメリカに庇護を求めた。だが、このときアメリカがクルド人協力者たちを引き取ったのはグアム島などの遠隔地で、引き取られた側にしてみれば多いに不満の募る「報酬」だったに違いない。

それだけ繰り返し煮え湯を飲まされても、クルド勢力にとってはアメリカを頼みにするしかない。イラク戦争後もその姿勢は変わらなかった。イラク戦争後、イラクの憲法ではクルディスタンを含め「地方政府」を樹立する権限を地方に与え、イラクは連邦制となった。ここに成立したクルディスタン地方政府は、戦後イラクの他の地域が治安の悪化と経済の低迷に喘ぐのを尻目に、急速な経済発展と中央政府からの自立化を進めていった。

その野望を頂点まで高めようとしたのが、２０１７年9月に実施されたクルド独立の可否を問うクルディスタンでの住民投票であった。これには、前述したように、対ＩＳ作戦でクルド勢力が欠かせない役割を果たしたという自負と、アメリカはクルドに恩義を感じているはずだ、という過信があってのことに違いない。イラク中央政府はむろんのこと、トルコやイランの猛反対は想定内だが、これだけ対ＩＳ作戦に貢献し、そしてそのＩＳも終焉が近い今だからこそ、欧米など国際社会の協力を得られる、と考えたのだろう。だが、豈図《あにはか》らんや、アメリカは投票に反対の意を明らかにした。国連すらも、この時期の独立の意思を問う投票はよろしくない、との判断を示した。

投票の結果は、投票の93％弱が独立賛成票となった。クルド人の間での独立への期待が刺激される一方で、それを許さない周辺環境は、ますます緊張を高める。２０１７年10月には、クルディスタン地方政府とイラク中央政府の間で所属を巡って係争地となっていたキルクークにイラク国軍が進軍、同地を実効支配していたクルド勢力を放逐するに至った。対ＩＳ掃討作戦が一山を越えるやいなや、古く新しい火種が、再び中東地域の域内関係を揺るがしている。

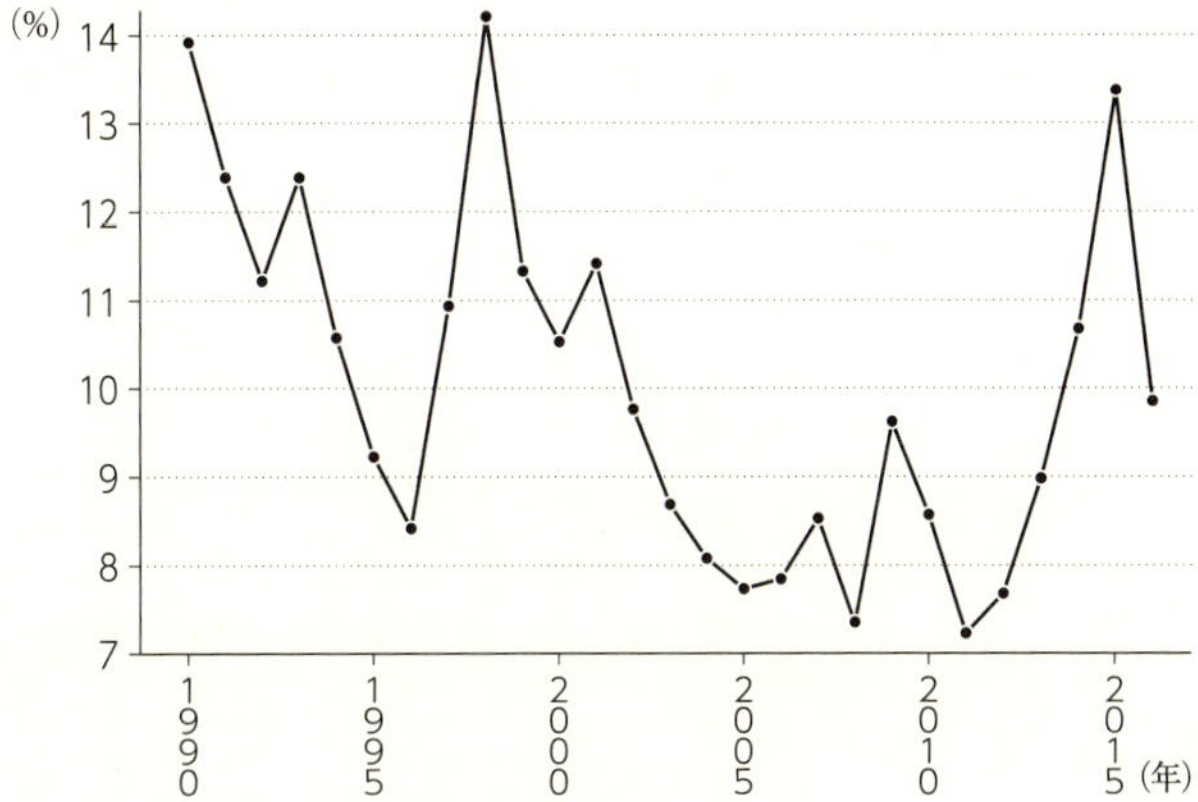


図6　サウディアラビアの軍事費の変化
（対GDP比、1990−2016年、出所：世界銀行）

**イエメン内戦とサウディアラビアの軍事介入**

話をサウディアラビアに戻そう。前述したように、最大の対米依存国だったサウディアラビアがアメリカへの不信感を募らせたのは、地域のライバル、イランとアメリカの関係がサウディにとって受け入れがたい状態になったからで、それはイラク、シリアの情勢で明らかになっていた。イランの勢力拡大に警戒心を露にするサウディアラビアとしては、周辺地域の紛争にアメリカが都合良く動いてくれないのであれば、自助努力して軍備拡大を図っていくしかない、と考える。その証拠に、90年代末以来低減傾向にあったサウディアラビアの軍事費（対GDP比）は、2011年から2015年まで、急激に増加した（図6）。

そんななか起きたのが、イエメンでの政変だった。2015年1月、ホーシー派と呼ばれる人々が首都サナアの首相府を包囲、軟禁状態下でアブドラッボ・マンスール・ハーディ大統領が辞意を表明するという、クーデタが起きたのである。2月に国外に逃れたハーディが辞意を撤回して正統な政府であることを主張したため、イエメンはホーシー派と前大統領派で内戦状態に陥った。

そもそもホーシー派とは、何か。イエメンの人口の4割強は、宗派的にザイド派（シーア派の一種）であり、彼らは主として北部に居住するが、ホーシー家は90年代初期からそのザイド派の復興運動を繰り広げた宗教指導者の一族である。70年代以来、北の隣国サウディアラビアでワッハーブ派の宣教活動が繰り広げられてきたため、サウディ国境に近いザイド派住民の居住地域でもワッハーブ派の影響力が高まっていた。ホーシー一族による復興運動は、このワッハーブ派の活動に刺激され対抗したものだと、前述の松本弘氏は言う。国民議会にも当選者を出し、ホーシー一族は影響力を強めていったが、2003年以降彼らは反米化し、イエメン政府ににらまれることとなった。

2011年、「アラブの春」の波及でアリー・アブドゥッラー・サーレハ大統領が事実上の辞任を余儀なくされてからは、後を継いだハーディ大統領の失策もあり、ホーシー派はさらに勢力を伸ばした。ここには、イエメンが1990年まで南北にわかれていたということも、大きく影響している。ハーディは南イエメン出身で、イエメンに連邦制を導入しようとして南部を相対的に優遇する政策を展開したが、これに対してホーシー派が北部の利益を代表して対立する、という構造が出来上がったのである。そしてサーレハ前大統領もまた北部出身だということを考えれば、ホーシー派を巡る対立は宗派対立というよりは、イエメン版「アラブの春」で地位を追われた旧北イエメンのサーレハと、旧南イエメンのハーディとの間の政治派閥対立が底流にあったといえよう。

こうしてホーシー派は、拠点とする北部から南下を続け、2014年秋には首都を制圧、政府と交渉を続けたが、決裂して翌年のクーデタにつながったのである。

ホーシー派の政権奪取に対して、即座に行動をおこしたのはサウディアラビアだった。そもそもがサウディに対抗して活動を拡大したホーシー派であるし、ハーディ大統領は2011年のサーレハ大統領辞任劇の際、サウディが調整して大統領についた人物だ。サウディは反ホーシー、ハーディ支援で軍事介入を開始した。サウディアラビアを中心に、UAE、モロッコ、スーダンなどのアラブ連合軍が、イエメン領内に激しい空爆を繰り返した。

実のところ、クーデタ以前の2008年にもサウディは、ホーシー派の勢力拡大を止めようと空爆を行っている。さらには2005年の段階で、イランのイスラーム革命防衛隊がホーシー派を支援していたという情報もある。こうしてイエメン内戦は、イランとサウディアラビアが関与することによって、宗派対立の様相を呈した地域覇権抗争のピースの一つとなってしまった。

その結果戦争は長期化し、国連高官によれば、2017年1月までにイエメンでの民間人死者は最低でも1万人、負傷者は4万人以上に上るとされている。UNHCRによれば、国内避難民は2017年9月時点で198万人以上、生活環境、衛生状態の急激な悪化が深刻視されている（「UNHCRイエメンファクトシート」2017年9月による）。2017年7月にはUNICEF（国連児童基金）やWFP（世界食糧計画）、WHO（世界保健機関）などの国連機関が合同で調査に入ったところ、過去3ヵ月だけで40万人がコレラ罹患の疑いとされたため、3機関合同で「世界最悪のコレラ大流行」との声明を出して、警鐘を鳴らしている（2017年7月26日）。

介入した側の軍事的疲弊、負担増も無視できない。15万人の兵士を派兵したサウディアラビアは、これまで数百名の死者を出したと伝えられている。これまで戦場と無縁だった湾岸首長国では社会に徐々に戦時下ムードが蔓延していき、イエメン内戦をどう終えていいのかわからない閉塞感が漂っている。

## イラン核開発疑惑を巡る展開

ここで疑問なのは、なぜここまでサウディアラビアとイランの覇権抗争が激化したのか、ということだろう。それは、再びオバマ政権末期のアメリカの対中東政策の転換に起因している。2015年7月、アメリカはイランとの核開発協議において合意し、翌16年1月にはこれまでイランに課してきた経済制裁を解除することとなったのである。

そもそもイランとアメリカの関係が断絶したのは、イラン革命後にイランのアメリカ大使館がテヘラン大学の大学生によって占拠されたことに端を発している。イランのイスラーム共和政に対する政治的、思想信条的反発もさることながら、大使館員とその家族52人を444日間にわたり拘束されたことが、アメリカ国内の政策決定者や世論のトラウマになってきたといえよう。

以来、アメリカは対イラン政策を厳しくするたび、日本や他の同盟国にも対イラン外交関係の縮小、経済制裁を繰り返し求めてきた。だが、湾岸の大国でありかつての同盟国イランと関係を途絶したままというのは、アメリカ外交としても望ましくない。こうした判断は政権内にもしばしば見られ、クリントン政権末期にはオルブライト国務長官がハータミー政権のイランに歩み寄りをほのめかしたこともある。もっともこの時は、対米宥和を打ち出すハータミー政権がイラン国内で力を失っていた時期だったこともあってか、これを受け入れられる状態にはなかった。内容的にも、かつてアメリカがモサッデク政権の退陣を画策したこと（1953年）を反省した程度のもので、これに対するイラン側の反応は「そんな古いことよりもっと新しい問題があるだろうに」といったものだった。

21世紀になると、両国関係緊張化の焦点は、イランの核開発問題に絞られていった。ただ、イランが核開発を開始したのは王政時代（1957年）で、アメリカはこれを支援する立場にあった。アメリカがイランの核開発を問題視するようになったのは、イランが反米化したからに他ならない。そのような経緯なので、IAEA（国際原子力機関）に加盟していないイスラエルや脱退した北朝鮮などと異なり、イランは1970年に核拡散防止条約を批准し、IAEAの監査下にある。

イラン革命後は、欧米先進国からの協力を失って開発が停滞、90年代に旧ソ連諸国からの協力などを得て進められたが、表立ってイランの核開発が危惧されるようになったのは、2002年にナタンズのウラン濃縮施設の存在が暴露されて以降である。特に2006年4月にアフマディネジャード・イラン大統領がウラン濃縮に成功したと発表したことで、欧米を中心に国際社会は対イラン圧力を強めることとなった。

このとき、イランの核開発自体よりも、アフマディネジャードという、予想不能な発言、行動で有名な大統領が核開発を推進していることに、世界は危惧を抱いたといえよう。なかでもアフマディネジャードがイスラエルの存在自体を否定する演説を行った（2

005年）ことは、アメリカの同盟国たるイスラエルの危機意識を刺激した。並行してイランは長距離ミサイルの開発を進めており、2003年にはイラン国内からイスラエル領内に達する射程距離1300kmのミサイル試射に成功している。アメリカとしては、自国に対する脅威からというより、同盟国イスラエルの意向を受けて、イランの核開発政策に対して厳しい姿勢をとってきたといえよう。

そして2011年11月にIAEAが、「イランは核兵器開発を推進」と明記した報告書を発表すると、同年末にアメリカは、国内外とわずイラン中央銀行との取引を禁ずるとの厳しい対イラン制裁法を制定、原油輸入などでイランとの経済関係のある西欧、日本などが制裁対象となった。

さて、この緊張関係が急転直下緩和したのが、2013年6月、イラン大統領選挙での穏健派のハサン・ロウハーニの勝利である。前述したように、アメリカ、特に民主党政権は、イランとの関係をなんとかしたいという意向を持っていた。強硬派のアフマディネジャード政権時代は無理でも、穏健派政権なら対話の余地がある。クリントン政権時代にハータミー政権との対話をミスした経験を考えれば、なおさらだ。

ロウハーニが大統領に就任すると、同年9月には、国連総会出席のためニューヨークを訪問していたムハンマド・ザリーフ・イラン外相がジョン・ケリー米国務長官と会談した。両国政府高官レベルの会談は、実にイラン革命以来のことである。これを契機に、米、ロ、英、仏、中、独の6ヵ国とイランの間で、イランの核開発を巡る協議を行う道筋が立てられた。その結果、2016年には対イラン制裁が解除されたのである。

## 悪化するイラン・サウディ関係

この急速な米・イラン関係の接近に、当然ながらサウディアラビアはひどく不快感を抱いた。ザリーフとケリーの会談と時期を前後して起きたのが、シリア空爆を行うと言って実施しなかったオバマ大統領の手のひら返しであった。シリア内戦でも対イラン関係でも、ことごとくサウディの言いなりにならないオバマ政権と国際社会にいら立ったサウディ政府は、予定されていた国連安保理非常任理事国就任を辞退、国際社会の流れに精いっぱい反抗の意思を示した。

その結果、サウディアラビアが自前でイランと対峙する機会が増大したのは、前述した通りである。シリアしかりイエメンしかり、アメリカや国際社会から十分な支援を期待できない分、自ら同盟国を募り、イランの脅威には自前で対応しなければならない。

そのような流れがピークに達したのが、2016年1月の対イラン断交である。前年1月に国王の座についたサルマン・ビン・アブドゥルアジーズ第7代サウディ国王は、甥のムハンマド・ビン・ナーイフを内務大臣に、息子のムハンマド・ビン・サルマンを国防大臣につけて若手世代を起用、対外強硬路線、国内の厳しい統治志向を反映した人事を行った。アムネスティ・インターナショナルによれば、２０１５年にサウディ国内で処刑された人数は１７５人で、過去に比較して倍となっている。

だが、なかでも宗派間関係、域内関係を刺激したのは、２０１６年1月2日のニムル・アルニムル師の処刑だっただろう。同師は、サウディ東部のシーア派コミュニティの宗教指導者のひとりであり、サウディ王政に対して批判的な言動を行っているとして、２０１２年から投獄されていた。同日に処刑が実施された47人のほとんどがワッハーブ派の、しかもアルカーイダ系の死刑囚だったのだが、唯一シーア派で死刑となったニムル師の処刑に対しては、イランやイラクのシーア派住民の間で強い反発が生まれた。テヘランでは、死刑執行後在イラン・サウディ大使館に対して抗議デモが行われ、暴徒化したデモ隊の一部が大使館を襲撃するという事件に発展した。このことを重視したサウディは、イラン駐在の外交団を引き上げ、イランとの断交を発表した。

このときサウディアラビアが行ったことは、自国とイランとの断交だけではない。他の湾岸首長国のみならず、アラブ諸国全般にイランとの断交を呼びかけたのである。その結果、バハレーン、スーダンなどが断交の呼び掛けに応じ、1月10日にはアラブ連盟外相会議で対イラン非難声明を決議するに至った。

このような、対イランでアラブ・イスラーム諸国をサウディ主導でまとめようという動きは、2015年から顕著である。前述した対イエメン内戦介入では、サウディは湾岸諸国以外にエジプト、ヨルダン、モロッコ、セネガルなどに軍事作戦への参加を呼び掛けた。また、「イラク、シリア、リビア、エジプト、アフガニスタンでの対テロ戦争を遂行するため」という趣旨で、同年末に設立された「テロリズムと戦うイスラーム同盟」は、GCCに加えてヨルダンやモロッコなどのアラブ王政諸国、エジプト、チュニジアなどの北アフリカのアラブ諸国、さらにはパキスタンやマレーシア、ナイジェリアなど中東域外のイスラーム諸国も加わった大同盟となった。これは、IS包囲網というよりはサウディを頂点としたスンナ派同盟的様相を強くしている。そこに、湾岸産油国の加盟国に対する資金援助が関係していることは、いうまでもないだろう。

## トランプ政権による転換

オバマ政権との間で大いに齟齬《そご》をきたしていたサウディアラビアとしては、2017年のアメリカでのトランプ政権の成立は、大歓迎であったに違いない。開いてしまった両国間の距離を縮め、アメリカとイランとの関係に水を差す。その外交を主導したのがサルマン国王の若き息子、ムハンマド・ビン・サルマンであった。ムハンマド・ビン・サルマン、通称ＭｂＳは、父の国王就任時には国防大臣だったが、父の国王就任の３ヵ月後に副皇太子に、さらに２０１７年６月には皇太子に、弱冠31歳で就任した。

ＭｂＳは、トランプ政権成立から２ヵ月後には訪米して会談を行い、「二国間関係は『歴史的転換点』を迎えた」と発言、米・サウディ関係の修復を強調した。そして5月20日、トランプ大統領がサウディを訪問、１１００億ドル分の武器売却契約を取り結んだのである。外国人でも女性はスカーフ着用が必要不可欠なサウディで、トランプ夫人も娘のイヴァンカもともにスカーフなしの長髪で堂々と王族との会合に臨む姿は、70年前、アラブの部族衣装をまとって初代サウディ国王に謁見した当時のフランクリン・ルーズベルト米大統領の姿と、なんと対照的だったことか！

トランプ米大統領のサウディ訪問の最大の目的は、首都リヤードで開催されたアラブ・イスラーム諸国55ヵ国の首脳が集まったサミットに出席することだった。そこでトランプは、「対テロでイスラーム圏は団結せよ」との演説を行ったが、そこで強調されたのは、ＩＳへの共同戦線の必要性というよりは、イラ

ムハンマド・ビン・サルマン
こと MbS（提供：共同通信社）

ン、ヒズブッラー（レバノン）、ハマース（パレスチナ）に対する糾弾だった。
ヒズブッラーとハマースはイスラエルに対する抵抗運動で名が知られており、反イスラエルという側面でイランと密な関係を持っている。つまり、サウディアラビアが主導して設立した対イラン包囲網に、アメリカが完全に乗っかることがここに確認されたのである。その5ヵ月後の10月13日には、トランプ大統領はイランが前述した核開発協議での合意を履行していないとして、イランとの関係を見直す可能性を示唆した。むろんサウディアラビアは、この発言を歓迎している。

イラン包囲網にヒズブッラー、ハマースという反イスラエル抵抗勢力の最前線組織が挙げられたことは、イランに対する政策であると同時に、それがイスラエルを支援する結果をもたらしている、という点に注目すべきだろう。トランプの意向もさることながら、終章で触れるようにサウディ自身が、その後露骨な対イスラエル接近方針を取ることになるのだから。

### カタールの排斥

ところで、5月のアラブ・イスラーム諸国サミットは、直後に予想もしない副産物を生んだ。サウディ・カタール間の断交とカタールの域内孤立化である。

5月24日、リヤード会議から帰国したカタールのタミーム・ビン・ハマド首長は「イランは地域大国である」と発言した。これはリヤード会議で合意された、対イラン包囲網の趣旨と真っ向から反するものである。目と鼻の先の隣国から、いきなり会議の成果にダメ出しされたのだから、当然主催国サウディアラビアは激怒した。他の湾岸アラブ諸国も、カタール航空やアルジャズィーラ衛星放送などカタール企業をボイコット、さらに6月5日、サウディアラビアを含めた湾岸諸国とエジプトが、カタールと断交に踏み切った。国境が閉鎖され、カタールは一気に干上がる。砂漠を移動するラクダがオアシスにたどり着けずに餓死する映像が、各国のテレビ番組に出回った。

カタールがサウディアラビアの逆鱗に触れたひとつの理由に、カタールが長年ムスリム同胞団を支援してきたことがある。サウディアラビアがムスリム同胞団を危険分子視してきたことは、すでに述べた通りだ。シリア内戦ではサウディとカタールは、反イラン・反アサド政権で同じ反アサド側にいたが、サウディが非宗教系、カタールが宗教系と、支援する団体は異なっていた。「アラブの春」後のリビアでは、エジプトが支援するハフタル将軍勢力と、カタールが支援するイスラーム系のリビア政府との間で内戦が続いている。

だが、そもそもカタールのサーニー王家は、サウディアラビアのナジド地方出身のワッハーブ派系の一族である。半島の大国サウディに対して周辺の小国が独自路線を取ることはあっても、完全な関係決裂、制裁というのは行き過ぎの感がある。追い詰められたカタールは、逆にもともと大して関係がよかったわけではないイランに、より接近することになった。また同胞団つながりでいえば、エルドアン政権下のトルコもカタール支援に回った。レジェップ・タイイップ・エルドアン大統領率いる公正発展党がイスラーム政党であり、思想的にムスリム同胞団と近いことは前述した通りだ。

すぐにでも折れると思われたカタールが、むしろイランとのつながりを強化してサウディアラビアの圧力に抵抗を続けているのは、サウディアラビアとしても予想外だったろう。

## 若い世代の台頭

イランとの間で域内覇権抗争をしていたはずのサウディアラビアがいったいなぜ、隣国カタールと決裂する羽目になったのか。こうなると宗派や域内覇権抗争は、紛争の根本的原因ではなくなってくる。サウディ・カタール間の対立にしても、イラクで深刻化しているクルド民族を巡る問題にしても、最近の紛争は、それぞれの国が抱える独自のミクロな政治関係から発した衝突が、予想を超えてさまざまなところに波及する傾向がある。

いや、その特徴はむしろ、予測不可能さというより、調整不能さだ。対立の構造は過去にも似たようなことがあって、展開を予測はできるのだが、予測できるにもかかわらず対立を回避することができない。確実に新しいことがあちこちで起きているのだが、それが全体としてどの方向を向いているのか、把握するのが困難である。なので、現地社会のアクター（主体）たちの間で、さまざまな読み間違いが起きる。それは何故なのだろう？

残念ながら、現時点ではこの問いに答えることは難しい。SNSなど、過剰で流布速度の早い情報に振り回され、情勢を読みにくくなっているという側面もあろう。だがここでは、その背景にあるひとつの要因を、指摘しておきたい。それは、中東で急速に進む世代間対立と、世代交代の波である。

「アラブの春」が若者を中心にした自己主張の運動で、その背景に若い世代のフラストレーションが見られることは、第4章で述べた通りだ。だが、新しい世代の台頭は、違う形でも見られる。サウディアラビアのMbSの台頭は、その代表例といってもいいだろう。

2015年にサウディアラビア国王となったサルマン国王は、最初から息子に継がせる体制をとったわけではない。王政の伝統に従い、初代国王の45人もいる息子たちの間で国王位を継承し（第二世代）、その後その息子たちの世代に回る（第三世代）。また、第二世代も全員が国王候補になるわけではない。そのなかで最も主流であるスデイリー一族（第5代ファハド国王を中心とする母が同じ七人兄弟）が有力者ぞろいで、これを核にして世代交代が行われてきた。そのルールからすれば、サルマンの兄弟のスルタン、ナーイフがサルマンの前に国王となるはずだった。

だが、2人とも高齢である。前者は2011年、後者は2012年に死去した。その結果、サルマンが王位に就いた。第二世代は、生き残った者も80歳代で、第二世代から第三世代への交代は、いずれ時間の問題と、四半世紀も前から言われていたのである。

だが、80歳代の第二世代から、第三世代といっても60〜70歳代に継がれるだけでは、根本的な変化は起こらない。若者たちは、自分たちが中心になるにはあと何十年も待たなければならない。

そこに、30歳を少し超えた若きMbSが登場する。石油のみに頼らない経済改革を推し進め、民営化や外資導入を進め、「サウディビジョン2030」と呼ばれる計画を立案する若きリーダーとして、高い評価を得ている。従来のサウディでは考えられなかった、女性の自動車運転を認める決定も2017年9月になされ、かつてのサウディを知る者たちを仰天させた。さらに11月には「サウディは穏健なイスラームに戻る」と発言して、こちらも驚きをもって受け止められた。

だが、若いことは経験に乏しいことでもある。老練な政治家たちが酸いも甘いも、泥臭い政治を生き抜いてきたのに対して、経験のない若い指導者は性急に結果を急ぐ。国内では「改革」派であるMbSも、イエメン内戦への介入では、イエメンの陸海空の国境を封鎖して人道支援物資すら搬入を阻止するなど、非人道的な政策が国際社会の非難を浴びている。同じ２０１７年11月には、大富豪のワリード王子を始めとする王族十数人を汚職を理由に逮捕、「粛清」ともいえる措置を断行した。特に後者の「粛清」には、レバノンのサアド・ハリーリ首相も巻き込まれた。レバノン、サウディ二重国籍を持つハリーリ首相は、サウディ訪問中に突然辞任を強要され、しばらく「軟禁」状態におかれていたと伝えられている。

問題は、若いことだけではない。交渉の経験のない人々や交渉の場から長く離れていた人々は、誰とどう交渉するか、よくわからない。わからないから、自分がこれまで依存してきた、あるいは最も手っとり早い、武力による闘争に依拠する。イラク戦争後のイラクで政権を担ったものたちは、政治ではなく武力で決着をつけようとする。「アラブの春」の中核を担った若者世代も、目の前の敵＝同胞団憎しで、軍による権威主義的支配を招いた。リビアもまた、そうだ。そして内戦が終わったあとのシリアやイエメンでも、その難題を抱えた政治家たちが登場する。実際に戦いを経験したものたちだけではない。毎日、テレビやネットやＳＮＳで戦争や「テロとの戦い」を見聞きして育った世代が、果たして将来の「政治」をどう作っていくのか。

映画『アラビアのロレンス』で、ファイサル王子がロレンスに「戦いの長所は若者の長所、つまり勇気と未来への希望なのです。だが、老人は平和を作る」というセリフがある。これからのアラブの、そして中東の若者たちは、このファイサルのセリフをどのように乗り越えていくだろうか。

# 第7章
# 後景にまわるパレスチナ問題
## （2001年〜）

イスラエルとパレスチナの問題は、
中東の諸紛争の原点として常に注目されてきた。
しかし、悲劇の主人公は脇役どころか、
今や舞台背景の一部と化している。

ベツレヘム（パレスチナ自治区）の分離壁。描かれた落書きには「Resist〈抵抗する〉」の文字が見える（2008年9月4日、撮影：鈴木啓之氏）

さて、ここまでの章ですっぽりと抜け落ちていることがある。中東を語りながら、なぜ「あれ」がでてこないんだ？　そうもやもやと思っておられる読者も少なくないに違いない。

これまでの議論で欠けているもの——。それはパレスチナ問題だ。

中東の歴史、政治、あるいは経済に至るまで、すべての問題の根源がパレスチナ問題にあった、といっても過言ではない。

今世紀の初めまで、ありとあらゆる思想家、政治家、革命家たちが「パレスチナ問題」を口にした。ザルカーウィらに影響を与えたアブー・ムハンマド・マクディスィーなどのような、パレスチナ出身の武闘派イスラーム主義の思想家も少なくない。

だが、最近のＩＳやローンウルフ型の武装組織は、ほとんどそれに触れない。イスラエルに触れたとしても、「シリアのために」と叫ぶことはあっても、犠牲者パレスチナのために、という表現はあまり見当たらない。

何故、パレスチナ問題が最後から2つ目の章になるまで登場しないのか。その不在こそが、今の中東の抱える問題を表しているともいえる。

## 「サイクス・ピコ協定」とパレスチナ問題

さまざまな中東問題の核に、第一次世界大戦中にイギリスが結んだ複数の協定がそれぞれに矛盾するものだった、という史実があることは、高校の世界史の教科書にも書いてある。ドイツと組んだオスマン帝国を内部から切り崩すために、イギリスはオスマン帝国領内のアラブ人の民族意識を利用して「アラブの独立」を約束し（1915年フサイン・マクマホン協定）、一方で当時ユダヤ人たちの国家建設への要求の高まり（シオニズム運動）に対してこれに「民族的郷土」を与えると約束した（1917年バルフォア宣言）。と同時に、イギリスは同盟相手であるフランス、ロシアとともにオスマン帝国領土を3ヵ国で分割支配することを、秘密裡にサイクス・ピコ協定で決めていた（1916年）。

ISが「サイクス・ピコ協定体制の打破」を叫んだときに、すくなからぬアラブ人たちが胸の奥で快哉を叫んだことは前述したが、それはこの英仏の秘密協定によってアラブ諸国が直接、間接の西欧列強による支配下に組み込まれてしまったという「屈辱」の歴史への反発からくるものだった。

だが歴史的に見れば、サイクス・ピコ協定がアラブの苦悩の源泉だったのは、他の2つの協定とセットでのことである。フサイン・マクマホン協定でアラブ人地域全体が「独立」できるはずだったのに、サイクス・ピコ協定で英仏に支配されたあげくバラバラに「独立」させられ、本来の「アラブ民族」としての力を削がれた。そしてその「バラバラ」にされた中東の真ん中には、ヨーロッパからユダヤ人がやってきて「イスラエル」という国を作ったが、それはあくまでもヨーロッパ社会でユダヤ人が被ってきた差別と抑圧の「つけ」であった。つまり、ヨーロッパの都合で、そこに住んでいたパレスチナ人が追い出されたり殺されたりしたのだ——。

これらが全部まとまって、パレスチナ問題こそが西欧諸国に対中東政策の諸問題がすべて集約された悲劇として、そしてイスラエルこそがそのヨーロッパの矛盾を体現して中東地域に撃ち込まれた楔《くさび》として、みなされてきたのである。

だから、これまでの「サイクス・ピコ協定」批判は、英仏の植民地主義とアラブ諸国が分断されていることと、イスラエルの存在をまとめて、行われてきた。その急先鋒だったのが、１９５０—60年代にアラブ世界を席巻したアラブ民族主義である。

## 「アラブの大義」として

アラブ民族主義といえば、１９５２年にアラブ民族主義将校たちによる軍事政権を樹立したエジプトのガマール・アブドゥン・ナーセルや、１９４７年にシリアで創設され、その後イラクやレバノン、ヨルダンなどに支部を設立して広くアラブ世界に影響力を広げた、バアス党が代表的である。彼らは「アラブの統一」を掲げて、１９７０年までにはシリアとイラクの政権を担う存在となった。北アフリカでも、チュニジア、アルジェリア、リビアで同様のアラブ民族主義軍人が政権を奪取した。

アラブ民族主義者たちは、第一次世界大戦後英仏が委任統治したり傀儡《かいらい》的に据え付けた王政、首長政から「真の独立」を目指すべし、と主張して、王政を倒してアラブ民族主義政権を樹立した。そのため、これらの政権は、対外的には植民地支配国だった英仏と徹底的に対立した。そしてイギリスが中東から手を引いてからは、アメリカがその後継者としてアラブ民族主義者たちの敵視の対象になった。イギリスは、1956年にエジプトと第二次中東戦争で戦い、その結果スエズ運河をエジプトに国有化されたことをきっかけにして、1968年までにスエズ運河以東から撤退することを宣言したのである。

そのアラブ民族主義者たちが最大の「敵」としたのが、イスラエルであった。そもそも1948年にイスラエルが建国され、大量のパレスチナ難民が発生すると、イスラエルと国境を接するヨルダン、シリア、エジプト、レバノンはイスラエルを多大な脅威とみなし、第一次中東戦争を起こした。だが、戦争でまったくいいところなしだったアラブ諸国では、敗戦を機に政府批判が高まり、その結果上記のようにアラブ民族主義軍人が政権を奪取するきっかけともなったのである。

「アラブの統一」を主張する彼らにとってイスラエルは、アラブの土地であるパレスチナを占領し、一方的に独立を宣言し、そしてアラブ民族であるパレスチナ人を悲劇のどん底に陥れた張本人だった。そのため、パレスチナ問題は「アラブの大義」とみなされ、すべてのアラブの国々がいつ何時でもパレスチナのために行動しなければならない、という思想的潮流が定着したのである。

その「大義」によるアラブ諸国に対する縛りの強さは、1979年にエジプトがイスラエルと単独和平条約を結んだときの、アラブ連盟の対応が象徴的だろう。アラブ諸国で結成されているアラブ連盟は、イスラエルとの和平合意など言語道断として、イラクとシリアを中心としてエジプトを追放、資格停止としたのである。イスラエルに入国した者は入国を禁ずるとか、イスラエルと商取引のある会社とは商売をしない（アラブ・ボイコット）とか、アラブ諸国ではイスラエルの存在を地図に記すことも禁じられていた（今でもアラビア語の地図の多くでは、「イスラエル」ではなく「パレスチナ」と書かれている）。

イスラエルと協力関係にある国には石油を売らない、とした1973年のアラブ産油国の石油戦略は、日本にも甚大な影響を与えた。いわゆる第一次オイルショックである。日本政府は慌てて、パレスチナ問題に関してイスラエルに批判的な声明（二階堂談話）を発出し、アラブ諸国の歓心を買おうとした。

## 利用される「パレスチナ」

だが、「パレスチナのために」と大義を掲げたアラブ諸国が、どこまでパレスチナに協力的であり続けたかといえば、はなはだ心もとない。そもそも早くは1970年、パレスチナ難民を最も多く抱えるヨルダンで、政府はヨルダン国内に拠点を置くパレスチナ諸組織が武装闘争を激化させることを危惧して、PLOを武力で排除した。

この「黒い九月事件」ほど、正面切ってパレスチナを切り捨てる行為にはいたらなくても、パレスチナ問題を単に自国政権の正統性の維持、軍事行動の大義名分にしか使わない事例は、70年代以降頻繁に見られた。その傾向が決定的となったのが、湾岸戦争だった。

1990年8月、クウェートに軍事侵攻したことで、周辺国はむろんのこと、国際社会から激しい非難にさらされたイラクのフセイン政権は、そのクウェート併合を正当化する論理を編み出した。「イスラエルがパレスチナから撤退すれば、イラクもクウェートから撤退する」というのが、それである。この論理は、4回もイスラエルに戦いを挑みながらいっこうに勝てなかった、それどころかイスラエルにますます占領地を奪われてきた、イスラエル前線国（エジプトやシリア）の情けなさにがっかりしてきたアラブの民衆にとって、魅力的に映った。イラクのクウェート占領を非難しながらイスラエルによる占領に物申さない国際社会は、二重基準（ダブル・スタンダード）だ、という、アラブ社会の被差別意識を刺激したのである。

だが、現実には、フセインの論理に乗ってイラクを支持したPLOは、その後特に湾岸諸国から援助を絶たれ、孤立化した。湾岸産油国の教育や経済を支えてきたパレスチナ人たちもまた、イラクの暴挙に荷担したとして湾岸戦争を機に追い出された。アラブ諸国による「パレスチナのために」という大義は、ここですっかり地に落ちてしまったのである。

## 非暴力抵抗運動がなしえたこと

あてにならないアラブ諸国の「連帯」を身に染みて経験したパレスチナ人たちが、自力でなんとかするしかないと決断するのは、かなり早い時期からである。3回の中東戦争（1948年、56年、67年）を経てヨルダン川西岸、ガザ地区をイスラエルに占領されるに至ったパレスチナ人たちは、故郷を追われた難民を中心に、1969年以降ヤーセル・アラファート率いるPLOが主力となって、自力のゲリラ闘争をイスラエルに対して展開した。

だがそのPLOも、ヨルダンを追われ、その後活動拠点としたレバノンからも、1982年のイスラエル軍によるレバノン侵攻によって追われ、PLOは遠くチュニスまで逃げ延びなければならなかった。どんどんパレスチナの現場から遠くへと離れざるを得なかったPLOが、湾岸戦争時にイラク支持を余儀なくされたのは、80年代、アラブ諸国を訪ね回るためにアラファートが必要とした飛行機を提供してくれたのがもっぱらイラク国営航空だったからだ、とも言われている。

湾岸戦争でＰＬＯが国際社会から支援を失ったことに並行して、パレスチナの現場では対照的な別のことが起きていた。１９８７年末から継続的に起きた、インティファーダである。

１９６７年の第三次中東戦争でイスラエルに占領された西岸、ガザ地区では、占領下の苦難が続いていた。日雇いで、イスラエル本土の建設労働者、ゴミ清掃人などとして雇われるしか仕事のない日々。それまでイスラエル国内のアラブ人たちが担っていたイスラエル国内の下層労働が、67年以降占領地のパレスチナ人によって担われるようになっていた。イスラエル軍による検問、監視が続く日々。天井のない牢獄と呼ばれるイスラエルによる占領の、将来展望の見えない西岸・ガザでの日々。

イスラエル・パレスチナの地図（2016年）

そんな状況に辟易《へきえき》した占領下の西岸・ガザの若者たちが、徒手空拳でイスラエルの支配に立ち向かったのが、１９８７年末である。

1993年9月、パレスチナ暫定自治協定調印後に、握手するラビン・イスラエル首相（左）とアラファートPLO議長（右）。中央はクリントン米大統領

インティファーダとは、恐怖を振り払うという意味だが、そこらへんに転がっている石を投げる程度のことしかできない、それでも強大なイスラエル軍の戦車に立ち向かう、老若男女のパレスチナ人の民衆抵抗運動を称する代名詞となった。後の「アラブの春」の先駆けともいえる、市民による非暴力抵抗運動である。

また、インティファーダの地元に根ざした市民運動性は、国際的にも注目された。それは、パレスチナという現場を離れてしか活動できなくなっていたアラファートのＰＬＯと、対照的だった。

その結果、１９９１年、初めてイスラエルとパレスチナ人が同席して和平交渉の場についたマドリード会議が開催された。非暴力抵抗運動を圧倒的な軍事力で粉砕するイスラエルに対する国際的非難が高まったことと、ゴミ清掃など単純労働を任せる占領地パレスチナ人がインティファーダに参加して、労働力として期待できなくなったこと、インティファーダ鎮圧コストがイスラエル経済を圧迫したことなどが原因で、イスラエルもパレスチナ人と向かい合わざるを得なくなったのである。

さらに、前述したように湾岸戦争で「ダブル・スタンダード」と批判されたアメリカが、パレスチナ問題に対して何等かのアクションを起こさなければならなかった、ということもあった。そして、マドリード会議から2年を経て、オスロ合意が結ばれることになったのである。

## オスロ合意の意義と問題

1993年、ノルウェーの一介の学者が始めた仲介によって実現した「オスロ合意」は、PLOとイスラエル政府高官が直接会って交渉した初めての和平合意として、世界中に大きな驚きと期待を呼んだ。合意当事者となったPLOのアラファート議長とイスラエルのイツハク・ラビン首相、シモン・ペレス外相は、翌1994年にノーベル平和賞を受賞している。

イスラエル建国以来、「ユダヤ教徒が被った差別はヨーロッパの問題で、パレスチナにユダヤ教徒のための国家を作る必然性はない」と主張するアラブ側と、「パレスチナ人なる存在はなく、ただパレスチナに住むアラブ民族がいただけなのだから、彼らは他のアラブ地域に移動すれば済むことだ」と主張するイスラエル側は、双方ともに相手の存在自体を認めなかった。存在を認めないということは交渉相手にもしないということで、その意味で双方が初めて交渉の席についたマドリード会議は画期的だった。だが、マドリード会議にはPLOが含まれていなかったので機能せず、オスロ合意によってはじめてPLOとイスラエル政府という当事者が直接、話し合いの場についたのである。

だが、オスロ合意は最初から難題山積だった。5年間の暫定自治を西岸とガザ地区に与える、というこの合意は、5年間のあとパレスチナがどうなるかについて棚上げしたし、世界各地に存在する350万人近くのパレスチナ難民（西岸・ガザを除く）の帰還権をどうするかも、まったく議論されていなかった。占領地のどこまでをパレスチナ自治政府に任せるのかも未定だったし、最初に実施されるべきイスラエル軍の占領地からの撤退は、遅々として進まなかった。占領地に次々に建設されてきたユダヤ人の入植地も、撤収するどころかますます増えていった。

なによりもオスロ合意は、西岸・ガザという、1967年にイスラエルが占領したパレスチナ地域については議論の俎上《そじょう》に載せたが、そもそもパレスチナ人の難民化という犠牲の上に成立したイスラエルという国家自体の問題性については、不問に付した。逆にPL

Oはオスロ合意で、イスラエルの存在を認めるかわりに、西岸・ガザでの自治を獲得したのである。このことは、反イスラエル抵抗活動を続けてきたパレスチナ人勢力の、特にイスラーム勢力の間に強い不満を生んだ。その代表格が、ハマースである。ハマースについては、少し後に詳しく述べよう。

このように、問題は抱えながらもとりあえず進めることにしたオスロ合意だが、暫定自治期間の5年が終わり近くになっても、約束された多くの事項は実現できていなかった。2000年になってようやく、PLOとイスラエルの間でパレスチナ自治を巡る最終地位交渉が、ビル・クリントン米大統領の仲介で行われたが、そこで提示された自治案は、とてもPLOが呑めるようなものではなかった。全部が自治区（そして独立へ）とパレスチナ側が期待していたヨルダン川西岸は、ユダヤ人入植地と軍の管理区によって寸断され、とても一体としてまとまった「パレスチナ地域」とはいえないものだったのである。

最終地位交渉が決裂してからは、雪崩をうったように両者の緊張と衝突が高まった。特に当時野党党首で対パレスチナ強硬派だったアリエル・シャロンは、まだ交渉が続いていた2000年9月、エルサレムのイスラーム教の聖地、アルアクサー・モスクを大量の兵士を引き連れて訪問した。ユダヤ教、キリスト教、イスラーム教それぞれの聖地が存在するエルサレムは、パレスチナ問題の象徴でもあり現実の最大の課題でもあるが、シャロンの行動は、エルサレムを「イスラエルの首都」とするイスラエルの主張を実力行使で実現しようとする威嚇と映ったのである。このことが、パレスチナ人の憤懣に火を点けた。憤懣は力での行動に転化され、第二次インティファーダ（アルアクサー・インティファーダ）が発生したのである。

## オスロ合意の失敗

オスロ合意の最終地位交渉は完全に頓挫《とんざ》し、抵抗運動は暴力化し、イスラエルの鎮圧行動は激しさを増した。２００２年からは西岸・ガザ地区のあちこちで、「分離壁」として悪評頻々の高さ8メートルにも上る壁が、入植地とパレスチナ人居住区の間に張り巡らされるようになった（171頁、章扉の写真参照）。おりしも9・11事件が発生すると、イスラエル政府はブッシュ米政権の「テロリストを匿う者はテロリスト」という論理を援用し、暴力的な第二次インティファーダの責任はPLOにありとして、アラファート議長自身への攻撃を強めた。２００1年には議長府がイスラエル軍によって包囲され、２００2年4月にはイスラエル軍がジェニンに対する激しい攻撃を実施、パレスチナ自治政府によれば500人以上の死者が出た。この時点で、オスロ合意が目指したものはほぼ頓挫したといってよい。２００1年の9・11事件は、パレスチナ問題を泥沼化し、後景化した一大契機だったといえよう。

そして、オスロ合意の推進者であったアメリカがこれを完全に見捨てたことが、2017年、トランプ大統領の発言に見て取れるだろう。就任1ヵ月後の同年2月、トランプ大統領は「パレスチナ問題の解決は二国家共存案にこだわらない」と発言した。二国家案とは、イスラエルとパレスチナという2つの国家の存在を前提として、両者の共存をいかに実現するかというものである。オスロ合意は、まさにこの二国家案に基づいた解決策だった。

トランプ大統領が示唆する「二国家ではない案」、すなわち一国家案とは、当然のことながらイスラエルの存続・パレスチナ国家の否定である。オスロ合意は、ここで完全に否定されたのだ。だが、パレスチナの側でも、当初からオスロ合意に否定的だった人々は、別の意味での一国家案を主張していた。つまりユダヤ人国家のほうを無くし、パレスチナというひとつの国家を築く、というものである。この案には、イスラエルを殲滅してイスラームに基づくパレスチナ国家をと主張するイスラーム主義のハマースから、イスラエルのユダヤ教徒優遇策を無くして宗教、民族的に差別のない複数民族が共存する一国家を作るべしとする、故エドワード・サイードなどのパレスチナ知識人のアイディアまで、まちまちだ。

その意味では、オスロ合意の破綻は、棚上げにしていた「国家とはどうあるべきか」という問題を、再び棚から降ろさざるを得なくなったことを意味している。ヨーロッパで差別の対象となった、「ユダヤ教徒」という存在を特別視して作られたイスラエルという国家は、果たして、宗教・民族など出自で差別されるべきではないという民主的国家の要件と、どう整合性を付けるのか。事実上「宗教」が国民としての権利を左右するイスラエル国家の在り方こそが、そもそも問題の根源にある。

ちなみに、イスラエルと意外なところで類似性を示しているのが、ISである。2015年にポーランドで開催されたある国際学会で、アメリカの研究者がISを分析した報告のなかで、こう指摘した。「何もないところに突然国家を建設したという意味では、イスラエルがその先例である」。もともと居住していた住民を抑圧する、あるいは追い出して自分たちの望む国家を一から建設する、しかも「宗教」に基づいて——。

その点で、「イスラームのカリフ国家」ISと「ユダヤ教徒のための国家」イスラエルはともに、民族的、宗教的差別を排するはずの近代国民国家の理念から、逸脱している。「ISがけしからんというなら、そもそもイスラエルがけしからんではないか」という、ダブル・スタンダード批判を生む余地が、ここにも存在する。

### ハマース

ところで、失敗に終わったオスロ合意の暫定自治期間中に、唯一実現されたことがある。それは、パレスチナ自治政府の樹立だ。１９９６年、議会にあたる自治評議会と、大統領にあたる自治評議会議長の選挙が行われ、評議会ではＰＬＯの主流派であるファタハが、自治評議会議長選挙ではアラファートが圧勝した。２００４年にアラファートが死去すると、議長には同じくＰＬＯのマフムード・アッバースが就任したが、２００６年１月に実施された第二回評議会選挙では、ハマースが56％の票を獲得して第一党となった。

ユダヤ教の象徴「ダビデの星」を燃やすハマース

ハマースとは、「イスラーム抵抗運動」のアラビア語の略称で、１９８７年結成されたイスラーム主義組織である。もとはエジプトで設立されたムスリム同胞団のパレスチナ支部だったが、１９８７年にインティファーダが発生したことを契機に再編され、武闘部門を抱えて反イスラエルの最前線を行く組織となったのである。

ハマースがパレスチナの地元住民に支持される

原因は、そのイスラエルに対する徹底した非妥協姿勢もあるが、イスラーム主義組織の特徴である宗教的ネットワークを活かした福祉、慈善政策にあろう。特にインティファーダの発生により、活動家やデモ参加者がイスラエルに逮捕、投獄され、残された家族の生活を支える者がいないなか、ハマースなどのイスラーム主義勢力は組織的にこれらを援助した。

これは、ヒズブッラーなど、紛争地のイスラーム主義組織全般に言えることである。紛争地や占領された地域では、被害にあった人々を庇護する行政・司法機関が存在しない。それを補って人々の生活を支えるのが、イスラームの福祉・慈善活動である。教育や医療を提供するだけでなく、破壊された家屋の修復やがれきの撤去などの建設作業、果ては地域の自警団的活動まで、イスラーム主義組織が担う。だからこそ、これらの地域で民意を問う選挙制度が導入されると、イスラーム主義政党が多くの票を集めるのだ。

ハマースが第二回評議会選挙で勝利したのも、そうした「地元社会に根付いた政党」としての強みがあった。一方で、PLO、特にファタハは、自治政府に入る豊富な資金を利用して、西岸を中心に経済発展を推進したが、そこでは格差の拡大や腐敗、汚職が広がる側面もあった。清貧で果敢にイスラエルと戦うハマースと、イスラエルに妥協して得た和平で肥え太るファタハ――。晩年に発覚したアラファートの資金乱用などの噂とも合わせて、2006年の選挙時にはPLOに対する不信感が広がっていたのである。

だが、ハマースの勝利は、ファタハとハマースの間の深刻な対立に発展した。両者は武力衝突を繰り返し、その結果ファタハは大統領府がある西岸を、ハマースはガザを支配するという分断状態が定着したのである。その後ＰＬＯとハマースは、２０１１年や14年、17年に和解に向けた試みを行っているが、現時点では完全な分断解消には至っていない。

このハマースの地元に根付いたところが、ＩＳやアルカーイダと決定的に異なるところである。地元ベースのイスラーム主義勢力が、自らの日々の生活を巡ってイスラエルという眼前の「敵」と戦うのに対して、アルカーイダは遠い敵である「アメリカ」を標的にするし、ＩＳは地元の非イスラーム教徒を炙り出して「敵」とする。この点で、ハマースは、独立運動家や民族主義者たちが担ってきた反占領、独立運動の延長に位置し、アルカーイダやＩＳと性格を異にする。

## 圧倒的な力の差のなかで

パレスチナ側がハマースとファタハで分裂した状況は、イスラエルにとってはこれ以上なく好都合だった。和平相手として取り込んだ西岸のファタハは、御しやすい。徹底抗戦を叫ぶガザのハマースだけを攻撃対象として、圧力を強めればよい。こうして、イスラエルは、繰り返しガザに対する大規模空爆を実施した。最初は２００８年末から09年にかけての1ヵ月にわたる攻撃で、ガザ側の死者数は1330人、イスラエル側は13人、UNRWA（国連パレスチナ難民救済事業機関）による学校など、民間施設が多数被害を受けた。続いて2014年7月にも、その1ヵ月前にイスラエル人青年の拉致、殺害事件の犯人がパレスチナ人であったことが発覚したことから、大規模空爆が行われた。

軍事攻撃と並行して、イスラエルはガザに対して厳しい封鎖を実施した。空爆で破壊された家を修復しようにも、建築資材のガザ外からの持ち込みが封鎖で拒絶される。世界で最も人口密集度が高いとされるガザの生活を維持するためには、生活必需品のもろもろをガザの外から「輸入」せざるを得ないが、それが封鎖、検問によって阻止された。唯一、物資持ち込みに使えるルートは、エジプトとの間に掘られた地下トンネルしかなく、非合法であるものの、ガザの生活を支える命綱となっていた。だが、その地下トンネルも、イスラエルとの友好関係を崩したくないエジプトによって、使用禁止にされることもしばしばだった。「アラブの春」後に成立したムルスィー政権だけが、ハマースに同情して地下トンネルを再開させたが、その後スィースィー政権になると再び禁止された。

なお、ガザの検問の不条理さは、近年国際的にも評価の高いパレスチナ映画、たとえばジャッキー・サッローム監督の『自由と壁とヒップホップ』（2008年）やハニー・アブ・アサド監督の『歌声にのった少年』（2016年）などで、赤裸裸に描かれている。

このような状況で、2006年に少しでもイスラエルとの間で「善戦」したヒズブッラーが、パレスチナのみならずアラブ世界全体で人気を博したのは、上述した通りである。また、2010年、トルコ船籍のガザ向けの救援船がイスラエルに襲撃されたことに怒ったトルコが、イスラエルとの関係を冷却化させたことは、アラブ諸国の間でのエルドアン人気を高めることになった。

それでも、現場でのイスラエルの圧倒的な軍事的優位は変わらない。事態が一向に改善しないパレスチナ社会のフラストレーションは、2011年の「アラブの春」でパレスチナ自治政府に対しても向けられた。批判を受けて、分裂を反省してハマースとPLOの間で和解がまとまるなど、前向きな動きも見られた。また、2011年にはユネスコへの正式加盟を実現したり、翌年には国連オブザーバー参加が決まったりと、外交面では精一杯の地位確立への努力を続けている。

しかしそれは、現場のパレスチナ人の生活と権利を改善することには、つながらない。入植反対をはっきり打ち出すオバマ政権では、イスラエルの協力は得られず、中東和平交渉は進展が見られなかった。トランプ政権になってからは、エルサレムを首都と認定して米大使館をエルサレムに移転する決定を行うなど、一層パレスチナの権利を否定する政策が打ち出されている。

こうしたなか、パレスチナ人の若者たちの間でやり場のない不満が沈殿していく。2014年頃からは、ナイフでユダヤ人を襲う、通称「ナイフ・インティファーダ」と呼ばれる暴動が頻発するようになった。それはこれまでのインティファーダのように組織化されたものではなく、欧米メディアが「個々人のインティファーダ」と呼んだように、若者が単独で不満を爆発させるような殺伐《さつばつ》とした行動だった。

この憤懣の底流には、イスラエルとパレスチナの先の見えない展開があるだけではない。これまでさんざん「アラブの大義」として問題の中核におかれてきたパレスチナ問題に対して、周辺国も国際社会もその関心を失ってしまったこともまた、先の見えなさ、絶望感につながったのだろう。その傾向は、シリア内戦とＩＳの登場以降、一層強くなる。

## 「紛争の核」から抜け落ちる

パレスチナ人という存在は、長らく「アラブ社会の心を揺さぶる犠牲者ナンバー1」だった。アメリカという「遠い敵」を標的にしたビン・ラーディンですら、「アメリカ政府は、イスラエルのパレスチナ占領を支援することを通じて、極めて不正で忌まわしい犯罪的な行為を行っている。われわれは、アメリカが、パレスチナ、レバノン、イラクで殺された者に対し直接の責任があると考えている」と述べて、問題の根底にパレスチナ問題があることを指摘している。

それを変化させるのが、イラク戦争だ。アメリカの戦争で破壊されるイラクが、アラブで最も同情すべき犠牲者となった。そして犠牲者を出している「犯人」として、イスラエルは後景に下がり、それまで専ら「イスラエルの支援者」としてやり玉に挙がっていたアメリカが、最大かつ直接の「犯人」とされた。

それでも、アメリカ（オバマ政権期）の対中東政策のうち何に失望したかと、アラブ5ヵ国（エジプト、ヨルダン、レバノン、サウディアラビア、UAE）に聞いた世論調査を見れば、2010年の段階で最も多いのが、対イスラエル・パレスチナ政策で61％と、相変わらずパレスチナ問題に関心が集中している。次いで対イラク政策は27％、アメリカの対イスラーム姿勢が5％となっている（Journal of Palestine Studies, 2010年秋号による）。

その一方で、2016年のゾグビー社による中東諸国への世論調査を見ると、興味深い傾向が見て取れる。そこでは、「何が中東の平和と安定の障害になっているか」との質問への回答が国別に記されているのだが、エジプトやサウディアラビア、トルコでは「パレスチナへの占領」との回答が最も多いが、レバノン、ヨルダン、UAE、イラクでは同じ回答は、7〜8位程度と非常に少ない。これらの国で最も多いのは、「代表性のある政府がない」および「国内派閥対立」という回答だ。他方、「IS」が平和と安定の障害、という回答は、いずれの国でも2～3位、「イランの干渉」を挙げたものは3～6位となっている。つまり、「パレスチナ問題」はその問題視の度合いが国によって振れ幅が大きい一方で、ほとんどの国で共通に障害視されている課題は、国内政治や経済、ＩＳやイランなのである。

## 「犠牲者であること」の競争

各国世論において、平和と安定への障害とされる対象が多様化、内政化し、パレスチナが犠牲者ナンバー1でなくなったことを決定づけたのは、シリア内戦とＩＳの登場である。シリア内戦でアサド政権対反体制派が焦点となり、それに周辺国が群がるなかで、お互いの敵を叩くことが優先され、エネミー（敵）・ナンバー1としてのイスラエルの存在は後景に下がった。２０１４年秋、レバノンに向かう湾岸の航空機の航路表示を見て、妙な違和感を覚えた。内戦状態のシリア上空を避けるのは理解できたが、地中海の東岸ぎりぎり、あたかもイスラエル上空を通過しているかのような表示がなされたのである。湾岸諸国は、カタールが90年代後半にイスラエルと商工関係を確立した以外は、未だに外交関係はほとんどない。

シリア内戦に関連して、より明白な形で湾岸諸国とイスラエルの間接的な依存関係が指摘されたのが、反アサド側で戦っている兵士３０００人近くが２０１３年以来イスラエル国内で治療を受けている、という報道（２０１７年）である。シリアの反政府勢力とそれを支援するものたちのなかに、アサドをエネミー・ナンバー１として、イスラエルと歩調を揃えることも辞さないものたちがいることは確かだ。２０１７年９月、イラクのクルディスタンの独立に関する住民投票の実施を巡り、イラク中央政府および周辺国と対立したクルド勢力が、イスラエルとの協力関係をあからさまに強調したこともある。

一言でいえば、シリア内戦、あるいはイラク戦争以降、ナンバー１の敵がイスラエル以外の、アメリカだったりシーア派だったりイランだったりアサド政権だったりへと変化したのである。そして犠牲者ナンバー１も、パレスチナではなく、「アメリカにやられたイラク」だったり「アサド政権に殺される反体制派」だったり「ＩＳに惨殺されたシーア派」だったり「フセイン政権に抑圧され続けたクルド」へと変化し、多様化したのだ。

ここで象徴的なのは、ヒズブッラーの変節である。ヒズブッラーは１９８２年、イスラエルがレバノンに侵攻し、レバノン南部のパレスチナ難民を駆逐《くちく》・虐殺し（サブラ・シャティーラ事件）、ＰＬＯをベイルートから追い出した、その年にレバノンで結成されたシーア派のイスラーム主義勢力である。以降、レバノン南部に拠点を築いて、イスラエルに対するゲリラ攻撃を展開させたが、その断固たるイスラエルとの対決姿勢が、宗派にかかわらず評判を呼んだことは、前述したとおりである。特にレバノン南部のパレスチナ難民の間では、宗派が違ってもヒズブッラーの活動を支持するものが少なくない。エドワード・サイードの伝記映画を撮影した故佐藤真氏の『エドワード・サイードOut of Place』では、パレスチナ人家庭の屋内の映像に、ヒズブッラーの指導者ナスラッラーの写真が飾ってあるのが映り込んでいた。２００５年以降は、ヒズブッラーはレバノンの議会選挙にも出馬、レバノン国政に大きな影響力を持つ政治政党へと発展した。

だが、２０１１年にシリア内戦が起きると、ヒズブッラーの力は対イスラエルというよりアサド政権の援護に費やされることとなる。イスラエルに対峙するヒズブッラーという、アラブ・イスラーム世界に通用したヒーローのイメージは、「アサド政権の悪行に手を貸すシーア派の民兵」へと塗り替えられた。なによりも、レバノン南部というイスラエルの最前線で戦っていれば立派な祖国防衛だが、シリアという「外国」で戦うのはただの傭兵《ようへい》ではないか。ヒズブッラーもまた、アルカーイダ同様、現地社会から浮遊し、「空中戦」を戦う者となっていくのか――。シリアでのヒズブッラーの姿に、「アラブの大義」を捨ててただの権力抗争に走り、人々を失望させてきた過去の数多の政治組織の再現を見るものは、少なくない。

犠牲者であることが多様化し、誰しもが犠牲者度合いを競争し、だからこそ自分たちこそが最も報われるべきだと考える現代。かつて皆が「犠牲者としてみなともに悼むべき」

と考えてきた、パレスチナの悲劇は、すっかり後景に下がってしまい、自分たちそれぞれが考える「犠牲」からの回復を優先させる。

「共通の悲劇」のために戦っていたはずの勢力も、もはやあてにはできない。何のために戦うのかの迷路に入り込んだ中東社会は、あたかもリヴァイアサンのような群雄割拠の様相を強めている。

# 終章

# 不寛容な時代を越えて

シリア発の大量難民は、
それまで「多文化共生」を謳っていた欧米に
混乱をもたらし、
「異邦人」への警戒感をさらに募らせることとなった。

2015年9月7日、ドイツ・ミュンヘンの仮設難民キャンプで食事をするシリア難民（提供：共同通信社）

2015年9月2日、地中海東岸、トルコ南西部のボドルムにひとりの男の子の水死体が打ち上げられた。アイラン・クルディ君、3歳。クルド系シリア人4人家族の末息子で、シリア北部の街コバーニからトルコ経由でギリシアの小島に逃れようとして、遭難したものだった。

コバーニは、2014年、ISがシリアで北方に向けて勢力を拡張しようとしていた際に、最も激しい戦闘が行なわれたクルド人の街である。第6章で触れたように、クルド武装勢力はISと戦う上でアメリカにとって唯一の、地上で血と汗を流して戦ってくれる相手だった。2014年9月からこの街を包囲したISに対して、クルド勢力は壮絶な戦いを展開し、最低でも20万人の住民が家を追われて難民状態に陥ったという。

アイラン君の家族も、ISとの戦いの犠牲者だった。故郷を逃れた後、4人家族は60万円近い金額を不法旅行業者に支払ってトルコから地中海を渡る船を手配したが、ろくな救命ボートもなく定員をはるかに超えた乗員で船は転覆し、アイラン君の父一人を残して家族全員が命を失ったのである。砂浜に打ち上げられうつ伏せに倒れているアイラン君、そして息子の亡骸を抱えて号泣する父親の姿を映した写真は、瞬く間に世界に伝わり、衝撃を与えた。フランスのフランソワ・オランド大統領、イギリスのキャメロン首相など、ヨーロッパ諸国の首脳が哀悼の意を表したほどである。

この事件を契機に、中東、アフリカの紛争から国外に逃れようとする避難民の悲惨な状況が、世界中に知れ渡るようになった。国を逃れて国外に移動する避難民は、これまでもアフリカから多くがリビア経由でイタリアへと渡ってきた。例えば2014年、中東・アフリカからヨーロッパへと地中海を渡った避難民は21万6054人(前年から3・5倍にも増加した)だったが、このうち最も多いのは北アフリカからイタリアへと船で渡った人々だった。それが2015年になると、海を渡ってヨーロッパに移動した数は100万人を超え、その8割がギリシアを経由した(国連ニュースサービスが2015年12月30日に報じたUNHCRによるデータ)。その多くがアイラン君家族同様に悲惨な状態で船に詰め込まれ、2014、15年にはそれぞれ3538人、3771人が溺死した。

## 「難民到来」に揺れる欧米

膨れ上がる避難民の多さに、経由地となる国々はいずれも悲鳴を上げる。上陸地のギリシア、イタリアでキャンプにひしめく人々に十分な庇護は与えられず、セルビアやハンガリー、クロアチアなどで何千人もの避難民たちは、先を急ごうと線路を歩いて徒歩で行進した。鉄条網で阻まれたり、検問で追い返されたり、行き場がなく駅構内で野宿しているのを強制退去させられたりして、安住の地までたどり着ける者はわずかだ。道中人身売買の対象とされたり、71体もの遺体となって冷凍トラックのなかに放置されたり、数々の悲惨な出来事があちこちでおきた。

これに一筋の光を投げかけたのが、2015年9月5日のドイツ・メルケル首相の避難民受け入れ声明である。急増する避難民に門戸を閉ざす国が多い中で、ドイツとオーストリアは国境を開いた。そして避難民たちの到着を、「ようこそ」の横断幕で迎えた。

しかし、このメルケルの決断は、さまざまな問題を引き起こす。ドイツに行けるという希望を見て、ヨーロッパを目指す国外脱出者はますます増えた。ハンガリーが国境を封鎖してフェンスで避難民の流れを遮断したように、経由地の南欧、東欧諸国はより厳しい態度を取るようになった。

ドイツ自体も、100万人をこえる難民申請に一国では対処しきれず、EU全体での受け入れ割り振りを求めるようになる。鳴り物入りで受け入れを謳ったものの、結局2016年3月には、トルコに避難民対策の多くを押し付ける恰好で収拾を図った。30億ユーロという追加資金援助と引き換えに、ギリシアに滞留する不正規移住者をトルコに強制送還することとしたのである。

## 欧米の「多文化共生」は終わったのか

避難民の大量流入は、ヨーロッパに反移民感情を惹起した。フランスやドイツ、イギリスなどは、もともと中東、アフリカから移民してきた過去を持つムスリム系市民に対する差別や、社会的不平等の問題を抱えている。それを反映して、2000年代半ば頃からフランスなどで移民暴動や衝突事件などが頻発し、並行して欧州全体に極右政党が台頭する傾向が生まれていた。そこに中東からの避難民が大量に流入したことで、「異邦人」への不安感、警戒心が募り、反移民、反イスラーム的風潮に拍車がかかった。ISがヨーロッパで活動を広げ、パリでの劇場襲撃事件（2015年11月）や難民出身者による集団暴行事件や性犯罪がドイツやスウェーデンで起きたことも、こうした排外感情を激しく刺激した。

ヨーロッパの排外感情の強まりは、選挙にも反映される。2016年6月にイギリスでEU離脱を決めた国民投票が実施されたが、離脱派が勝利した背景には、EUを離脱すれば移民の流入を制限でき経済的社会的に安定する、といった希望的観測が、難民問題に刺激されて喚起されたことがあっただろう。2013年以降政治的影響力を強めるイギリス独立党は、移民問題を最大の課題と主張して離脱を謳った。

ドイツでも、難民受け入れに積極的な姿勢を示したメルケル政権とはうらはらに、極右政党の台頭が問題となっている。2017年9月に実施された総選挙で、反イスラーム、反難民を主張する「ドイツのための選択肢」党が投票の12・6％もの票を得たことは、内外に衝撃を与えた。

なによりも世界に激震が走ったのは、アメリカ大統領選挙でのドナルド・トランプの勝利、そしてトランプ政権の成立だろう（2017年1月）。当選前からの「公約」ともいえるメキシコからの不法移民のシャットアウトだけでなく、中東、アフリカ7ヵ国（シリア、イラク、イラン、スーダン、ソマリア、リビア、イエメン）の国籍を持つ者を一時的に入国禁止にするという排外的な措置を取った。

こうした国際社会に広がる排外主義は、トランプ大統領が声高《こわだか》に主張し、ホワイトハウスのウェブサイトにも堂々と公式外交政策として掲げられている「アメリカ・ファースト」という表現に、集約されている。「アメリカ」だけではない。各国で、「マイ・カントリー・ファースト」（自国ファースト）の掛け声が浸透しており、他者排除の口実と化している。

とはいえ、2015年以降一気に右傾化が固定化され、ヨーロッパの多文化共生の理想に終止符が打たれた、とも言いきれないところがある。フランスでは本書冒頭で述べたように、マリーヌ・ルペン率いる国民戦線が2012年から国政、地方政治両方で支持を広げていたが、2017年5月の大統領選挙の決選投票では、マクロンに敗北した。また、やはり事前調査で最有力と予測されていたオランダの自由党は、2017年3月の国政選挙で議席数は増やしたものの、第一党にはなれなかった。オーストリアの右派、自由党も、２０１６年大統領選挙で左派候補に接戦で敗れている。こうした結果に、一定のヨーロッパのバランス感覚を見ることができるかもしれない。

## 戦争から逃れるものと仕掛けるもの

だが、難民が欧米に締め出されたとしても、中東や北アフリカの国々に、紛争からあふれ出る避難民を抱え解決する力があるのか。シリア難民の問題を学生に説明する際に、よく聞かれる質問がある。「シリア内戦を逃れた人たちは、なぜ北を目指すのか？　なぜ危険を覚悟で地中海を越え、ヨーロッパに向かうのか？」

じゃあ、どこに向かえばいいと思うの？　と聞くと、南、たとえばアラビア半島とか、と答える。湾岸の産油国なら財政的にも豊かだろうし、国土も広いし。

その回答は、第６章で示した。サウディアラビアを始めとしたペルシア湾岸のアラブ産油国では、周辺国で起きている紛争を解決し、その被害者を救うというよりも、逆にその紛争をより深刻化させる政策が先行している。シリア内戦にはサウディやカタールが介入して長期化していること、イエメン内戦では湾岸産油国だけで対応できずエジプトやモロッコまで動員されていることは、上記で述べた通りだ。リビア内戦には、カタールとＵＡＥが介入している。海外から避難民を受け入れるどころか、被害者を再生産している。シリアやイラクからの難民が戦争から脱け出そうとする人々であるならば、ペルシア湾岸のアラブ諸国は反対に、戦争に頼ろうとする国々だといえよう。

　ペルシア湾岸のアラブ諸国が戦争へと傾斜している理由は、これまでの章で見てきたように、イラクでの政権交代、「アラブの春」での政権批判の広がり、イランのプレゼンスの相対的な高まり、そして同盟国たるアメリカへの不信感だ。これらの変化が積もり積もって、これまで豊かな石油収入に胡坐《あぐら》をかいていた湾岸アラブ産油国の間で、危機感が煽られている。サウディアラビアを中心に、エジプト、ヨルダンも加わって新たに形成されたアラブ諸国の軍事同盟関係は、しばしばアラブのＮＡＴＯとも呼ばれている。

　そして２０１７年になって、そこにアメリカとイスラエルが暗に加わる。5月にトランプ大統領がサウディアラビアを訪問した際、ホワイトハウスはアラブＮＡＴＯの計画を積極的に推進したと言われる。またイスラエルとの関係については、11月、イスラエルのユバル・シュタイニッツ・エネルギー相が、サウディアラビアとの間にこれまで交流があることを暴露したように、すでに公然の秘密となっている。12月、アメリカのエルサレムへの首都認定および大使館移転宣言で、アラブ・イスラーム社会はざわつき、すでに激しい抗議活動とそれへの鎮圧行動で各地で武力衝突が起きているが、トランプ政権下のアメリカとの関係を第一に考えるアラブＮＡＴＯ諸国の「抗議」は、形式的なものでしかない。

## 受け入れない不寛容と、追い出す不寛容

今、21世紀の世界を概観すると、2つの形で「不寛容」が跋扈《ばっこ》している。ひとつは他者を受け入れないこと、もうひとつは他者を追い出すことだ。ヨーロッパやアメリカが中東・アフリカからの避難民を他者として受け入れない一方で、シリアやエジプトやサウディアラビアなどでは、体制を脅かす反対派を追い出すことに力点を置いている。

そこで問題となるのは、誰が「他者」なのか、である。誰が「他者」と認定するか、それは社会のすみずみまで浸透し合意された他者認識なのか。そして、他者を「どこ」から排除するのか。

20世紀までの中東では、その答えは比較的単純だったかもしれない。20世紀後半の伝統的中東での戦争といえば、外国の支配とそれへの抵抗か、アラブ対イスラエルという対立軸か、共和政か王政かという体制間の対立かに集約されていた。そこでは、「他者」は中東を浸食する欧米（植民地支配）であり、アラブの土地に埋め込まれたイスラエルだった。

その対立軸が、今や崩れている。今起きている対立は、国家主権を守るための戦いでも、国家領土を巡る対立でも、あるいは国家体制の在り方を巡る問題でもないように見える。なにより、誰が守るべき「国民」で、排除すべき「他者」なのか、自明ではない。

いや、そもそも中東は、宗派や宗教といった、国民国家とはかけ離れた非合理的なもので伝統的に戦い合ってきたのだから、誰が国民か自明ではないのは今に始まったことではない、という指摘があるかもしれない。国民国家を基準に国際政治が成り立っており、「他者」とは外国であり他の国の国民のことであるという、西欧近代の発想が、そもそも第一次世界大戦まで国民国家概念などなかった中東地域に、そぐうはずがないのだ、とする見方だ。

だが、今、我々が目撃している国家を超えた宗教や宗派同士の対立に見える構造は、第一次世界大戦前、1世紀前の伝統的なネットワークと同じではない。グローバルなモノと人の流れ、グローバルな情報発信という、きわめて現代的な変化のなかで生じている国民国家の溶解である。長らく「われわれ」と「他者」を分ける基準として当たり前だった「国家の国民であること」が、今や当たり前ではなくなっているという、グローバルな問題である。

## 「悪魔化」する世界

「他者」が誰かが自明ではない分、国の長であれ反政府側の長であれテロリストであれ、さまざまな政治指導者の他者認定が、恣意《しい》的な形で流通する。ＩＳなどさまざまなイスラーム武闘派が、シーア派や世俗的イスラーム教徒を「不信仰者」「背教者」として死に値するものと排除するのは、その代表的な例だし、フセイン政権下のイラクやサウディアラビアでの「シーア派＝イランという他者」認識や、イラク戦争後のイラクでの「スンナ派＝ISという他者」認識の浸透がそうだ。欧米では「イスラーム教徒＝テロリスト」と認識されて、排除の対象となる。

だが、他者認識の根拠が明確でなければないほど、「誰が他者か」の認定が恣意的であればあるほど、そこでなされた「他者」の定義は反論の余地を生む。国の統治者が、「○○を排除することが自国ファーストのために必要なのだ」と謳ったとしても、それが国民にとって本当に自分の望むものかどうかは、わからない。

イエメンでイランがわれわれの生活を脅かしているからイエメン内戦に介入しなければならないのだ、と説得されても、飢餓と疫病の蔓延するイエメンを空爆することが本当に「自国ファースト」なのだろうか、と疑問を持つスンナ派の人々は少なくないだろうし、ISを追い出すのに大活躍したイラクの人民動員機構がイランの手ほどきを受けたからといって、イランべったりの政策をとることが「自国ファースト」だろうか、と首を傾げるイラク人は多い。

本当にこれが正しい戦争なのだろうか、と疑問を持つ国民に、「他者＝敵／われわれ＝

味方」の対立関係を信じ込ませるためには、敵をいっそう敵らしく見せることだ。アラビア半島の国々やシリアで、シーア派がいかにイスラーム教徒として正しくないか、極悪非道の、地獄に落ちてもおかしくないような人々であるか、厳格派の説教師がこんこんと説く。ワッハーブ派はISやアルカーイダと根っこで同じだから、サウディアラビア自体がテロ支援者なのだと、イランの革命防衛隊が敵意を剝き出しにする。相手を「悪魔」扱いし、SNSや衛星放送を通じて、生々しい敵意を煽る。本来なら途中で譲歩したり調停されたりする対立を、妥協の余地ない対立に転化する。

さらには、一部の敵対分子の存在を理由に、それを取り巻く人々全体を十把《じっぱ》一絡《ひとから》げに「殲滅すべき悪魔」とみなす。イスラエルは、ハマースをテロリストとしてそれが統治するガザ全体を攻撃対象としたし、ムルスィー政権を打倒したエジプトのスィースィー政権は、「アラブの春」以前よりもさらに徹底的に、イスラーム主義系の諸運動を弾圧した。これらの「十把一絡げ」的認識の広がりと定着が、2001年の9・11事件以降ブッシュ米大統領が示した「テロリストを匿う者はテロリスト」との認識の延長線上にあることは、いうまでもないだろう。

## 恐怖の壁の再構築

そして、生々しい敵意を煽るために行われるのが、「恐怖の壁の再構築」だ。

「アラブの春」が実現した最も重要な点が、「恐怖の壁」を打ち壊すことである。独裁政権ににらまれ強大な軍・治安組織に弾圧されることを恐れて、政権に異を唱えることができないというのが、2010年末の「アラブの春」発生までの状況だった。それが、アラブ諸国における独裁体制の長期化を生んだ。それに対して、「政権なんて怖くない」と、恐怖心を振り払って政権打倒に立ち上がったのが、「アラブの春」にほかならない。

支配者の側、あるいは支配を目論む側が、再び頑強な支配を確立し、彼らの考える敵との戦いに人々を動員するには、人々に、敵側に回ることの恐怖心を再び植え付けなければならない。2011年までに打ち破られた恐怖心以上の恐怖を、人々に見せつけ、畏怖させなければならない。ISが特段に残虐な手段で見せしめの処刑を行ったのには、そうした目的もあったのだろう。

いや、もう少し遡れば、「アラブの春」に先立ち「恐怖」を振り払ったパレスチナでのインティファーダに対するイスラエルの対応に、同じことが見られる。インティファーダ発生の翌年（1988年）に当時のイスラエル首相、イツハク・シャミールが、「恐怖の壁を再構築しなければならない、この地域のアラブ人に死の恐怖を叩き込まなければ」と述べている。

フィンランド在住のイラク人作家ハサン・ブラーシムの代表作『死体展覧会』（藤井光訳）は、いかに芸術的に死体を展示するかを追求する集団を比喩的に登場させた、バアス党時代の秘密警察の恐ろしさを彷彿とさせる短編だが、残酷な「恐怖の壁」の作り方ばかりが発達し前進していく、今の中東の非情を描いている。

## 「外敵の手先」と空中戦

ところで、「誰が敵で、誰が排除されるべきか」の定義が明確でなければないほど、敵の認定はさまざまな想像力の産物となっていく。想像力のなかから生まれる敵認定は、まずは自国内の異分子を対象とする。自国の国民のなかから「敵＝悪魔」が炙り出されるのだ。外国とつながっているものは、自国の安定を脅かす「外敵」の手先となる。キリスト教徒は欧米とつながっているから、敵。シーア派はイランとつながっているから、敵。スンナ派は厳格派武装組織とつながっているから、敵。クルド民族はイスラエルとつながっているから、敵。本来なら自国の国民である一部の人々が、「外敵の手先」視される。

「外敵の手先」を排除して自分たちの共同体の回復を夢見る、という点では、移民や少数民族にヘイト行動を繰り返す国際社会の排外運動もＩＳも、根っこはたいして変わらない。ＩＳは、自分たちが作り上げた「理想のカリフ国という共同体」像と少しでも違うものは「悪魔」であり、これを殲滅しないと自国が脅かされると考えるからだ。

一方で、敵認識の想像力がグローバルな対象にまで広がっていくと、敵はアメリカ、ひいては国際社会全体にまで行きつく。かつてソ連という、わかりやすい目の前の「侵略者」と戦っていたビン・ラーディンは、自身の不遇の根を辿り辿っていったあげく、「敵はアメリカ」に行きついた。欧米に住む移民の二世や三世は、シリア内戦の代理戦争性、国際社会の介入を見て、ヨーロッパを敵とみなす。イランは「アメリカこそがＩＳを作り上げた」と批判し、サウディアラビアは「アメリカこそがイランを増長させた」と批判し、アラブ・イスラーム世界は「アメリカこそがイスラエルを支援しアラブ・イスラーム世界の弱体化を図っている」と批判する。あらゆるところで、「アメリカ」が「空中戦」の対象となる。

想像力のなかから生まれた内なる敵やグローバルな悪魔であっても、ネットや衛星放送を通じてその認識が世界中に広まり、人口に膾炙《かいしや》すると、事実でなくてもその他者認識が定着してしまう。第５章や第６章でみたように、宗派対立や「新しい冷戦」の対立構造が一人歩きして、「事実」と化していくことは、少なくない。

## 排外主義を乗り越えるには

なぜ、こんなことになってしまったのだろう。なぜ、ありとあらゆるものが敵に見えてしまい、敵に囲まれた「犠牲者」である自分たちだけが救われるべき、という排外的な「自国ファースト」が蔓延してしまったのだろうか。この状況を、どうすれば乗り越えていけるのだろうか。

これは、他人事ではない。ヘイトスピーチやヘイト的行動で、マイノリティが攻撃を受けて害を被るという出来事が起きているのは、日本も例外ではない。グローバル化を高らかに謳う一方で、増加する外国人の来訪に対して嫌悪感を露にする。難民受け入れをほとんどといっていいほど行っていない日本に対して、国際社会から受け入れ要請の圧力が年々高まっているが、むしろ国を閉ざしたほうがいい、といった意見も聞こえる。

だが、国は閉ざせない。他者とは、共存せざるを得ない。嫌いな人々が隣の国に住んでいるからといって、隣の国の人々を殲滅することも、隣の国をゼロから作り直すことも、できない。アメリカはそれを、イラク戦争で学んだ。オバマもトランプも、対応の仕方は全く異なるとしても、他国に介入してゼロから国作りをするだけの意欲も能力もない。

となれば、どう共存していくかを考えるしかない。他者から害を被ったという記憶は、消

ベツレヘムの難民キャンプに建てられた分離壁。壁の向こうへ行きたいと希求するパレスチナ人の願いが描かれている（2015年9月21日、撮影：南部真喜子氏）

し去ることはできないかもしれない。しかし、どちらがより多くの犠牲を被ったかの競争だけに時間と労力を費やしても、徒労である。

誰が他者なのかわからないのならば、「われわれ」と「他者」の違いを明確にする必要はないのではないか。少なくとも、敵だ、悪魔だ、と名付けられる相手が、本当に敵で悪魔なのか、わずかでも疑ってみる冷静さがあってしかるべきだろう。そして、その相手を「悪魔だ」と思ってしまう、自身の恐怖心がどこから来ているのかを振り返ってみることができるだけの、冷静さが。

ある若いシリア人は、日本に留学して何不自由ない生活を送っていたのに、内戦が起きて自国に帰る決心をした。最初は自国で、今はアラブ全体を見る国際機関の職員として、紛争地を飛び回っている。本人は言う。「なぜ、自分の国の人々が突然、お互いに激しい暴力に依拠するようになったのか、なぜ殺し合うことになったのか。それを知りたい。だから、自国に帰ったんだ」。

イラクのモースルには、ISに支配された間も休むことなくフェイスブックで発信し続けた大学教授がいる。10年前、62歳でネットを始め、「ネットを通じて、民族もジェンダーも関係なく、人々はイラクの将来を支えることができる」と主張する彼は、イラクで最も高齢のブロガーだ。彼は今、ISメンバーの家族に対してバッシングが起きている解放後のモースルで、「ISとその家族は関係ない、彼らをモースルから追い出すようなことをしてはいけない」と訴えている。

誰かを排除するために激しい暴力を振りかざして、「空中戦」を戦う者ばかりが目立つなかで、地上にへばりついて輝く星は、まだ消えていない。

# おわりに

本書の執筆の最終段階で、厄介なニュースが飛び込んできた。トランプ米大統領が、エルサレムをイスラエルの首都と認定し、テルアビブから米大使館を移転する、と宣言したのである。本文でも触れたが、パレスチナ問題はアラブ世界全体が無関心ではいられない、中東の諸問題の核だ。宣言後、パレスチナを始めとして、各地で抗議の声が上がっている。

トランプ発言のあと、友人のイラク研究者が自身のツイッターでこうつぶやいた。

「エルサレムへの（大使館）移転は、人道的にも国際法上も大問題だけど、残念ながら（この宣言は）これまで進められてきたリアルな政治の実態を現実にしたにすぎない。オスロ合意とか、二国家共存案とか、いろんな試みの最後の幕を引くという現実を、ね」

これだけお題目化し風化してしまったのだから、はっきり「夢はもうおしまい」と明言したって仕方ないじゃないか、という風潮が、ここ数年、中東で続いている。パレスチナとイスラエルの共存とか、アラブ諸国の連帯とか、イスラームと西欧との対話とか、宗派間の差異を乗り越えたイスラームの一体性とか、長年「建て前」が中東諸国で掲げられてきたが、実態としてはすでに機能せず、重視されていない。だからもう、実際の政策でそんなもの無視したって、構いやしないじゃないか、というわけだ。上記の友人は、それをこう表現した。「アダムとイブの、最後のいちじくの葉が落っこちちゃった！」

大事な所を隠すいちじくの葉一枚が落ちたところで、それまでもほぼ全裸だったのだから大差ないともいえるが、それでも最後の一枚があるのとないのとでは、大違いである。21世紀の最初の十数年間の中東は、20世紀の中東で「最後の一枚」と思われたものが次々にはがされていく過程だった。

大半の人々は、(否応なく)「ほぼ全裸状態」に慣らされてきたが、それでもやっぱりおかしいぞ、という人々が皆無なわけではない。その「やっぱりおかしいぞ」感、あるいは「それじゃ自分たちは困る」感を払拭できない人々を無視し、時代遅れのものとして置き去りにして、現代の中東は進んできた。アメリカの軍事攻撃も仕方ないし、中東で独裁政権が続くのも仕方ない。1世紀前に西欧諸国が勝手に決めた国境に従って生活するしかないし、戦争で勝ち組となった者が好き放題に権力を振りかざしても、諦めるしかない——。

この納得のいかない人たちはどうするのだろう、と長年、思ってきた。「アラブの春」が起きたとき、ああ、とうとう「納得のいかない人たち」が立ち上がったのだな、と思った。

だが、別の形で立ち上がった人たちもいた。アルカーイダやＩＳもまた、「納得のいかない人たち」だったに違いない。彼らを納得させる対応が、歴史のどこかで必ずとられるべきだった、と言うつもりはない。だが、映画『シン・ゴジラ』の巨大生物が不法投棄された放射性廃棄物から生まれたように、放置された「納得のいかない人たち」の思想や行動様式や技術や人脈や、あるいは亡霊が集まって、ＩＳが突然出現したのではないか、と、筆者は思っている。

そして、「シン・ゴジラ」に対しては核攻撃しかない、と考えた人々のように、「納得のいかない人たち」は圧倒的な力の差で押し潰すしかないのだ、というのが、今の中東政治のトレンドなのだろう。どうあがいても越えられない恐怖の壁を高く高く築き上げて、無理やりにでも納得させる。それができなくても、壁の向こうに追いやってしまえば、少なくとも不服の声を聴かなくても済む。

だが、そうして沈殿した不法投棄物が、自然と雲散霧消するものでなかったら。沈殿を続けて、さらなるモンスターを生み出すことになったら。

「シン・ゴジラ」を前にした研究者たちのように、今中東で起きている無数の変化、展開をどう解明すればいいのか、悩みつつの執筆だった。35年間の中東研究の経験が、どこまで役に立つのか。中東は、歴史からは全く読み解けない、全く新しい世代の世界になってしまったのではないかと、不安と模索の日々だった。

だが、紛争地に住む中東の人々自身が、いったい何が起き、何故こんなことになったのかわからないと、困惑している。彼らの困惑と、絶望と、挫折感と、将来への儚い夢の背景にある政治の流れを、本書で少しでも伝えることができればと思い、なんとか最後のページまでたどり着いた。

逡巡してなかなか筆の進まない筆者の背中を押し続け、忍耐強く待ってくれた編集部の坂本瑛子さんに、感謝である。筆者と同じように、中東の変動と混乱に頭を悩ませ、ああでもないこうでもないと議論を重ねた、内外の中東現代政治研究者の友人たちからは、実に多くのことを学ばせてもらった。特に、「このグローバルな危機を読み解くには、心機一転、新しい分析枠組みが必要なんだ！」と、文部科学省科学研究費補助金・新学術領域研究事業「グローバル関係学」（課題番号：16H06546）を立ち上げ、無理やりのように加わってもらった多くの研究者仲間には、いつも荒唐無稽とも思えるアイディアを投げかけては、貴重なコメントをたくさんいただいた。こうした意見交換がなければ、本書は完成していなかった。

そして、その研究事業を支えてくれている千葉大学グローバル関係融合研究センターのスタッフたち。なかなか席の暖まる暇のないセンター長の業務をいつも陰で補佐してくれる、「こびとの靴屋」である。なかなか謝意を伝える機会がないが、いつもありがとう。

12月9日、パレスチナのインティファーダ開始から30周年の日に

酒井啓子

講談社現代新書　2459

# 9・11後《ご》の現《げん》代《だい》史《し》

二〇一八年一月二〇日第一刷発行

著　者　酒《さか》井《い》啓《けい》子《こ》
© Keiko Sakai 2018
発行者　鈴木　哲

発行所　株式会社講談社

東京都文京区音羽二丁目一二―二一　郵便番号一一二―八〇〇一

電　話　〇三―五三九五―三五二一　編集（現代新書）

〇三―五三九五―四四一五　販売

〇三―五三九五―三六一五　業務

装幀者　中島英樹

印刷所　凸版印刷株式会社

製本所　株式会社国宝社

定価はカバーに表示してあります　Printed in Japan

本書のコピー、スキャン、デジタル化等の無断複製は著作権法上での例外を除き禁じられています。本書を代行業者等の第三者に依頼してスキャンやデジタル化することは、たとえ個人や家庭内の利用でも著作権法違反です。Ⓡ〈日本複製権センター委託出版物〉

複写を希望される場合は、日本複製権センター（電話〇三―三四〇一―二三八二）にご連絡ください。

落丁本・乱丁本は購入書店名を明記のうえ、小社業務あてにお送りください。

送料小社負担にてお取り替えいたします。

なお、この本についてのお問い合わせは、「現代新書」あてにお願いいたします。

N.D.C. 227　221p　18cm

ISBN978-4-06-288459-4

# 「講談社現代新書」の刊行にあたって

教養は万人が身をもって養い創造すべきものであって、一部の専門家の占有物として、ただ一方的に人々の手もとに配布され伝達されうるものではありません。

しかし、不幸にしてわが国の現状では、教養の重要な養いとなるべき書物は、ほとんど講壇からの天下りや単なる解説に終始し、知識技術を真剣に希求する青少年・学生・一般民衆の根本的な疑問や興味は、けっして十分に答えられ、解きほぐされ、手引きされることがありません。万人の内奥から発した真正の教養への芽ばえが、こうして放置され、むなしく滅びさる運命にゆだねられているのです。

このことは、中・高校だけで教育をおわる人々の成長をはばんでいるだけでなく、大学に進んだり、インテリと目されたりする人々の精神力の健康さえもむしばみ、わが国の文化の実質をまことに脆弱なものにしています。単なる博識以上の根強い思索力・判断力、および確かな技術にささえられた教養を必要とする日本の将来にとって、これは真剣に憂慮されなければならない事態であるといわなければなりません。

わたしたちの「講談社現代新書」は、この事態の克服を意図して計画されたものです。これによってわたしたちは、講壇からの天下りでもなく、単なる解説書でもない、もっぱら万人の魂に生ずる初発的かつ根本的な問題をとらえ、掘り起こし、手引きし、しかも最新の知識への展望を万人に確立させる書物を、新しく世の中に送り出したいと念願しています。

わたしたちは、創業以来民衆を対象とする啓蒙の仕事に専心してきた講談社にとって、これこそもっともふさわしい課題であり、伝統ある出版社としての義務でもあると考えているのです。

一九六四年四月　野間省一